Guía de comunicación

Español – Portugués

Marlene Cardoso Tavares
Maria Cristina Gonçales Pacheco

Guía de comunicación Español – Portugués
© IBEP, 2015.

Diretor superintendente	Jorge Yunes
Diretora editorial	Célia de Assis
Gerente editorial	Maria Rocha Rodrigues
Coordenadora editorial	Simone Silva
Editora	Esther Herrera Levy
Coordenadora de revisão	Helô Beraldo
Revisores	Adriana Gallego, Beatriz Hrycylo, Luiz Gustavo Bazana, Salvine Maciel
Secretaria editorial e Produção gráfica	Fredson Sampaio
Assistentes de secretaria editorial	Carla Marques, Karyna Sacristan, Mayara Silva
Assistentes de produção gráfica	Ary Lopes, Eliane Monteiro, Elaine Nunes
Coordenadora de arte	Karina Monteiro
Assistentes de arte	Aline Benitez, Gustavo Prado Ramos, Marilia Vilela, Thaynara Macário
Coordenadora de iconografia	Neuza Faccin
Assistentes de iconografia	Bruna Ishihara, Victoria Lopes, Wilson de Castilho
Processos editoriais e tecnologia	Elza Mizue Hata Fujihara, Fernando Cardille
Projeto gráfico e capa	Departamento de Arte – IBEP
Ilustração da capa	Departamento de Arte – IBEP
Diagramação	Departamento de Arte – IBEP
Imagens do minidicionário	Casa del Lector
	Getty Images
	Shutterstock
	Thinkstock

CIP-BRASIL. CATALOGAÇÃO NA PUBLICAÇÃO
SINDICATO NACIONAL DOS EDITORES DE LIVROS, RJ

T231g

Tavares, Marlene Cardoso
Guía de comunicación : español - portugués / Marlene Cardoso Tavares, Maria Cristina Gonçales Pacheco. - 1. ed. - São Paulo : IBEP, 2015.
216 p. : il. ; 21 cm.

ISBN 978-85-342-4607-1

1. Língua espanhola - Compêndios para estrangeiros. I. Pacheco, Maria Cristina Gonçales. II. Título.

15-28612   CDD: 468.24
             CDU: 811.134.2'243

26/11/2015   27/11/2015

1ª edição – São Paulo – 2015
Todos os direitos reservados.

IBEP

Rua Funchal, 263 – bloco 2 – Vila Olímpia
São Paulo – SP – 04551-060 – Brasil – Tel.: (11) 2799-7799
www.ibep-nacional.com.br   editoras@ibep-nacional.com.br

1ª Impressão e acabamento: gráfica Cipola - jan/2018

SUMARIO / SUMÁRIO

Presentación / *Apresentação* 4

Guía de comunicación / *Guia de comunicação* 7

   1. Cosas que pasan... En la agencia de turismo 9
   2. Cosas que pasan... Eligiendo el tipo de viaje 13
   3. Cosas que pasan... Contratando una excursión 17
   4. Cosas que pasan... Haciendo turismo ecológico 25
   5. Cosas que pasan... En el aeropuerto 29
   6. Cosas que pasan... En la recepción del hotel / hostal 37
   7. Cosas que pasan... Usando la internet, el fax, el teléfono 41
   8. Cosas que pasan... Pidiendo un servicio en la habitación 45
   9. Cosas que pasan... En el restaurante 49
  10. Cosas que pasan... Cerrando la cuenta del hotel 53
  11. Cosas que pasan... Alquilando un auto 57
  12. Cosas que pasan... Pidiendo información acerca
                                         de una localización 69

Pequeño diccionario ilustrado / *Pequeno dicionário ilustrado* 73

   Guía del diccionario / *Guia do dicionário* 74
   Abreviaturas / *Abreviaturas* 75

Vocabulario portugués-español / *Vocabulário português-espanhol* 159

Informaciones extras / *Informações extras* 177

   El alfabeto / *O alfabeto* 178
   Falsos cognados / *Falsos cognatos* 179
   Numerales / *Numerais* 187
   Monedas del mundo / *Moedas do mundo* 191

Países hispanohablantes / *Países hispanofalantes* 195

Presentación

Esta obra tiene como objetivo auxiliar a los estudiantes y docentes del curso de Turismo y Hotelería, a los trabajadores de ese sector y a los profesionales de enseñanza de Lengua Española a comunicarse en español de forma eficiente. Es una herramienta fundamental para los agentes de viajes, hoteleros, mozos, camareros y comisarios de abordo que quieren adquirir el vocabulario específico del idioma español en su área profesional; recomendable también para el turista o viajante que quiere iniciar de forma amena y práctica el aprendizaje en este idioma y tener pistas útiles para resolver impases durante el viaje.

Fruto de la vivencia en el aula de la profesora Marlene Cardoso Tavares del curso de Turismo y Secretariado de las Faculdades Integradas Olga Mettig y de la larga experiencia de la profesora Maria Cristina Gonçales Pacheco en la producción de materiales didácticos para la enseñanza del idioma español en Brasil, el libro reúne los aspectos necesarios para que se pueda iniciar el diálogo bilingüe español-portugués en el área de los negocios de turismo, hotelería y transportes.

La estructura de la obra está organizada del siguiente modo:

Guía de comunicación: que contiene doce unidades temáticas que inician por la sección Cosas que pasan..., con diálogos organizados de acuerdo con las situaciones vividas por el viajante, complementada por el cuadro Palabras claves que muestra las palabras usadas en el texto con la traducción para el portugués.

Cada unidad del Guía también contiene las seguintes secciones:

- Para salir del apuro: que muestra frases de uso frecuente en el idioma español con sus equivalentes en el idioma portugués;
- Así es la vida... y el idioma: que trae informaciones útiles relacionadas al tema desarrollado en el diálogo;
- Ahora te toca a ti: que ayuda al lector, por medio de ejercicios, a practicar, a evaluar y a fijar lo que aprendió en las secciones anteriores.

Pequeño diccionario ilustrado, con cerca de 1 000 entradas.

Vocabulario portugués-español, en formato reducido.

Informaciones extras: trae datos sobre ortografía y el vocabulario de falsos cognados, o falsos amigos, e informaciones sobre varios asuntos relacionados con turismo.

Apresentação

Esta obra tem como objetivo auxiliar os estudantes e os docentes do curso de Turismo e Hotelaria, os trabalhadores desse setor e os profissionais de ensino de Língua Espanhola a se comunicarem em espanhol de forma eficiente. É uma ferramenta fundamental para os agentes de viagens, hoteleiros, garçons, camareiros e comissários de bordo que querem adquirir o vocabulário específico do idioma espanhol em sua área profissional. É recomendável também para o turista ou viajante iniciar, de forma suave e prática, o aprendizado comunicativo nessa língua e ter dicas para resolver impasses durante a viagem.

Fruto da vivência em sala de aula da professora Marlene Cardoso Tavares, no curso de Turismo e Secretariado das Faculdades Integradas Olga Mettig, e da *expertise* da professora Maria Cristina Gonçales Pacheco na produção de materiais didáticos para o ensino do idioma espanhol no Brasil, este livro reúne os aspectos necessários para que se possa alcançar o diálogo bilíngue espanhol-português nas áreas dos negócios de turismo, hotelaria e transportes.

A estrutura da obra está organizada da seguinte forma:

Guía de comunicación *(Guia de comunicação)*: com doze unidades temáticas que se iniciam pela seção Cosas que pasan... *(Coisas que acontecem...)*, que contém diálogos organizados de acordo com as situações vivenciadas pelo viajante, complementada pelo quadro Palabras claves *(Palavras-chaves)*, que traz os principais termos usados no texto com a respectiva tradução para o português;

Cada unidade do Guia também contém as seguintes seções:

- Para salir del apuro *(Para sair do sufoco)*: apresenta frases de uso frequente em espanhol com seus equivalentes em português;
- Así es la vida... y el idioma *(Assim é a vida... e o idioma)*: traz informações úteis relacionadas ao tema desenvolvido no diálogo;
- Ahora te toca a ti *(Agora é a sua vez)*: atividades que proporcionam ao leitor a prática, a avaliação e a fixação do que aprendeu nas seções anteriores.

Pequeño diccionario ilustrado *(Pequeno dicionário ilustrado)*: com cerca de 1 000 verbetes.

Vocabulario portugués-español *(Vocabulário português-espanhol)*: contém as palavras apresentadas no livro.

Informaciones extras *(Informações extras)*: traz explicações sobre ortografia e os "falsos amigos", ou falsos cognatos, os heterossemânticos, além de informações sobre assuntos relacionados com turismo.

Guía de comunicación

Cosas que pasan... 1

En la agencia de turismo

Cliente: ¡Buenos días!
Recepcionista: Buenos días. ¿Qué desea?
Cliente: Quiero un paquete de vacaciones.
Recepcionista: ¿Adónde quiere ir?
Cliente: A México.
Recepcionista: Muy bien. ¿Es un viaje de negocios o de placer?
Cliente: Quiero ir a bucear y conocer las pirámides de Chichén Itzá.
Recepcionista: Hay un paquete de 7 días, con salida los domingos a las 13:45. ¡Está muy barato!
Cliente: ¿A cuánto sale?
Recepcionista: Hay una oferta que incluye viaje, alojamiento, traslados y desayuno.
Cliente: ¡Qué bueno! ¿Y los paseos?
Recepcionista: Los paseos son aparte. Depende de lo que Ud. quiere hacer y conocer.
Cliente: Bueno, por favor, póngame todas las informaciones en este informativo y, en cuanto decida, vuelvo para hacer la reserva.
Recepcionista: Llévese también este folleto con los hoteles y algunos lugares de turismo para visitar.
Cliente: Muchas gracias.
Recepcionista: No hay de qué. ¡A las órdenes!

Palavras-chaves

Palabras claves

billete ▸ *passagem*
fecha de viaje ▸ *data da viagem*
folleto turístico ▸ *folheto turístico*
itinerario turístico ▸ *itinerário turístico*
paquete turístico ▸ *pacote turístico*
punto de salida y / o destino ▸ *lugar de saída e / ou destino*
reserva de hotel ▸ *reserva do hotel*
temporada alta / baja ▸ *temporada alta / baixa*
vacaciones ▸ *férias*
visado / visa ▸ *visto*
vuelo de bajo coste / vuelo de bajo costo ▸ *voo econômico*

Para sair do sufoco

Para salir del apuro

ESPAÑOL	PORTUGUÉS
– ¿Cuál es el precio del billete?	– Quanto custa a passagem?
– ¿Cuáles son los lugares de interés turístico?	– Quais são os lugares de interesse turístico?
– ¿Cuáles son los horarios de salida?	– Quais são os horários de saída?
– ¿Cuánto es el seguro de viaje?	– Qual é o valor do seguro de viagem?
– Hacer las maletas / valijas.	– Preparar as malas.

1

Así es la vida... y el idioma

Assim é a vida... e o idioma

Un agente de turismo o de viajes es un asesor experto en turismo.

Experto ▸ que tiene experiencia, o sea, en este caso, que sabe mucho de turismo.

Agora é a sua vez

Ahora te toca a ti

Busca el destino de sus vacaciones.

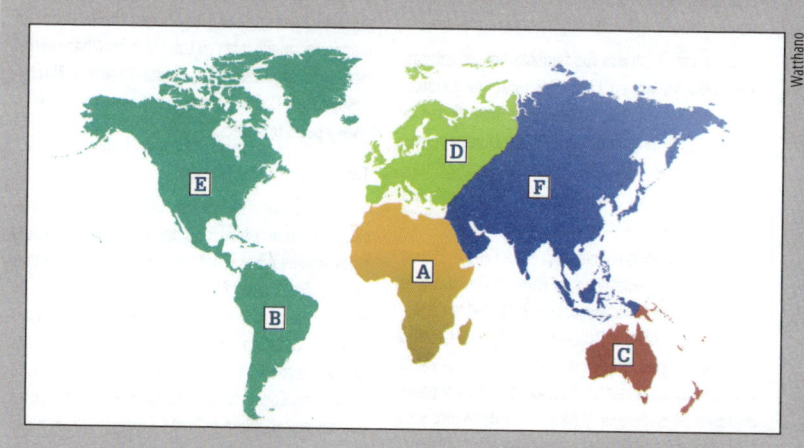

a. Encuentra en el mapa:

1. África ( )	2. Asia ( )	3. Oceanía ( )
4. Europa ( )	5. Norteamérica ( )	6. Sudamérica ( )

b. Piensa para dónde te gustaría ir y cuáles serán los procedimientos que debes tomar para elegir y contactar la agencia de turismo.

_____

_____

_____

Respuestas al final del libro.

Lee el texto abajo y después, en grupo, habla sobre sus puntos principales.

Folleto turístico
Folheto turístico

PAQUETES TURÍSTICOS A MÉXICO

Vacaciones en la Ciudad de México

En esta metrópolis cultural encontrarás dramáticos murales, sitios arqueológicos y arquitectura clásica.

La Ciudad de México fue fundada por los aztecas, como Tenochtitlán, en 1325. Más tarde fue conquistada y reconstruida por los españoles. Esta ciudad es el resultado de una mezcla entre las culturas europea e indígena, que se jacta de contar con ruinas aztecas, una arquitectura europea clásica, una fuerte presencia en la escena de las artes.

Paséate por la versión mexicana de los Campos Elíseos, el Paseo de la Reforma, donde se encuentra la estatua de oro del Ángel de la Independencia de la Ciudad de México. Esta vía conecta al Palacio Nacional con el **Castillo de Chapultepec**, ubicado en una colina que domina la ciudad. Visita las opulentas habitaciones de los antiguos inquilinos, el emperador Maximiliano I de México y su consorte Carlota. En el castillo se encuentra también el Museo Nacional de Historia.

Vacaciones en Los Cabos

Espectaculares encuentros con ballenas y delfines, hacen de esta parte de México, un destino irresistible.

Los Cabos, bañados por el sol, son un centro turístico en el extremo sur de la península de Baja California. Después de haber disfrutado de las actividades en tierra, aprovecha también las que te ofrecen las aguas del océano Pacífico y el mar de Cortés, el cual separa la península del continente.

Una vez aclamado por Jacques Cousteau como "el acuario del mundo", el mar de Cortés es el hogar de un gran ecosistema marino y Los Cabos es el lugar perfecto donde hospedarse para descubrirlo. Nada con mamíferos inteligentes en Cabo Dolphins, haz snorkel o bucea en Cabo San Lucas, o visita el **Parque Nacional Marino Cabo Pulmo**, que cuenta con arrecifes vivos y peces tropicales.

Tour Chichén Itzá Clásico

Ven a conocer Chichén Itzá, una de las Siete Maravillas del Mundo Moderno, descubrí los enigmáticos sitios arqueológicos y visita las ciudades más antiguas de América Latina. Conoce la milenaria ciudad de Tulum, sitio arqueológico maya que deslumbrará tus sentidos. Tulum se encuentra ubicada a la orilla del mar y fue construida durante los primeros siglos de nuestra era. Con un fondo color turquesa e imponentes puestas de sol, Tulum te invita a redescubrir un lugar lleno de tradiciones culturales y naturaleza. Después del recorrido por la majestuosa ciudad de Chichén Itzá, sumérgete en las frescas y cristalinas aguas del Cenote Sagrado Azul en Ik Kil, "El Lugar de los Vientos".

Realiza un recorrido guiado por la majestuosa ciudad de Chichén Itzá. Descubre las magníficas edificaciones y adéntrate en la historia de una cultura que refleja un pasado glorioso.

Maravíllate con Cobá, antiguo centro urbano maya envuelto por la densa selva y rodeado por bellas lagunas, sitio arqueológico ubicado junto a la Laguna de Cobá y en donde se encuentra la pirámide más alta de la Península de Yucatán.

Cosas que pasan... 2

Eligiendo el tipo de viaje

Hija: Papi, ¿vamos a viajar en las próximas vacaciones?

Padre: Creo que sí. ¿Tienes alguna sugerencia de viaje?

Hija: ¿Te acuerdas de aquel hotel rural al que fuimos hace 2 o 3 años?

Padre: ¿Aquél en el que los cuartos están a la orilla del lago?

Hija: Ese mismo. Además tiene caballos y una cascada de aguas templadas enorme.

Padre: Me acuerdo de la comida, ¡simplemente deliciosa! Muchos panes y mermeladas en el desayuno; los jugos que hay en el almuerzo y la cena son espectaculares y muy frescos, ya que la fruta la sacan del propio huerto.

Hija: Sin hablar de la ensalada de lechuga y tomate, recién recogidos, también.

Padre: ¡Y sin agrotóxicos! Lo que es más increíble.

Hija: Bueno, ¿te parece que a mamá le va a gustar la idea de volver al hotel?

Padre: Estoy seguro que sí.

Hija: Bueno, vamos a contarle la novedad, entonces.

Palavras-chaves

Palabras claves

albergue ▸ *albergue*
alojarse ▸ *hospedar-se*
apartamentos para alquilar ▸ *apartamentos para alugar*
cama de matrimonio ▸ *cama de casal*
campamento ▸ *acampamento*
casas rurales ▸ *chalés*
habitación doble ▸ *quarto de casal ou para duas pessoas*
hospedería ▸ *hospedaria*
hostal ▸ *pensão*
hotel de playa / de lujo ▸ *hotel na praia / hotel de luxo*
hotel rural ▸ *hotel-fazenda*
paradores de turismo ▸ *hotéis localizados fora do circuito turístico*

Para sair do sufoco

Para salir del apuro

ESPAÑOL	PORTUGUÉS
– ¿Cuántas estrellas tiene el hotel?	– Quantas estrelas tem o hotel?
– ¿Hay plaza?	– Há vagas?
– ¿Qué tipo de servicio ofrece el hotel?	– Quais serviços o hotel oferece?
– Necesito una mucama para hacerme la cama.	– Preciso de uma camareira para arrumar a cama.
– ¿Cuáles son las formas de pago?	– Quais são as formas de pagamento?

> **Así es la vida... y el idioma**
> Assim é a vida... e o idioma

El sistema español de clasificación de hoteles

Hay una serie de requisitos técnicos generales acerca del sistema de protección de incendios e insonorización de todas las instalaciones. Los precios máximos de los servicios deben ser expuestos en la recepción en un lugar visible y es obligatoria una lista de precios en la habitación de los servicios extras (por ejemplo, teléfono, lavandería, garaje). El hotel debe exhibir en la entrada principal una placa normalizada con la categoría.

Estos son los requisitos mínimos por categoría:

1 estrella
Habitación doble de 12 m² mínimo, habitación individual de 7 m² mínimo, cuarto de baño de 3,5 m² mínimo, calefacción y ascensor.

2 estrellas
Habitación doble de 14 m² mínimo, habitación individual de 7 m² mínimo, cuarto de baño de 3,5 m² mínimo, teléfono en habitación, calefacción, ascensor y servicio de caja de seguridad.

3 estrellas
Habitación doble de 15 m² mínimo, habitación individual de 8 m² mínimo, cuarto de baño de 4 m² mínimo, teléfono en habitación, calefacción, aire acondicionado en zonas comunes, ascensor, bar y servicio de caja de seguridad.

4 estrellas
Habitación doble de 16 m² mínimo, habitación individual de 9 m² mínimo, cuarto de baño de 4,5 m² mínimo, teléfono en habitación, calefacción, aire acondicionado en habitación, ascensor, bar y caja fuerte en habitación.

5 estrellas
Habitación doble de 17 m² mínimo, habitación individual de 10 m² mínimo, cuarto de baño de 5 m² mínimo, teléfono en habitación, calefacción, aire acondicionado en habitación, ascensor, bar y caja fuerte en habitación.

Símbolo	Clasificación
★	Simple
★★	Económico
★★★	Turístico
★★★★	Superior
★★★★★	Lujo

Hostal, 1 estrella

Hostal, 2 estrellas

Hotel, 3 estrellas

Parador, 2 estrellas

Agora é a sua vez

Ahora te toca a ti

Relaciona las columnas:

a. habitación doble ( ) sacada

b. plazas libres ( ) gorjeta

c. propina ( ) mensageiro

d. balcón ( ) quarto de casal

e. botones ( ) vagas

Respuestas al final del libro.

Cosas que pasan... 3

Contratando una excursión

Recepcionista: ¡Buenos días, señor!

Cliente: Buenos días. Tengo muchas ganas de conocer otros países para practicar mi español.

Recepcionista: ¿Quiere hacer una excursión contratada o libre?

Cliente: No lo he pensado aún. ¿Qué me sugiere Ud.?

Recepcionista: A ver. ¿Cuánto tiempo tiene de vacaciones?

Cliente: Tengo pensado hacerlo a fines de enero durante 10 días apenas, y pienso viajar solo. Además no tengo mucha plata.

Recepcionista: Entonces, es mejor una excursión contratada, en un hostal con habitaciones cómodas pero con baño compartido.

Cliente: ¿Y el servicio, cómo es?

Recepcionista: Bueno, es básico pero con las comidas. Así, puede dedicarse sólo al español y conversar con el personal del hostal y los habitantes del país.

Cliente: ¿Qué se incluye en la excursión? ¿Necesito pasaporte o con el DNI basta? ¿Cuáles son las tasas que debo pagar?

Recepcionista: Vamos a ver todos estos detalles ahorita mismo, en esta hoja de informaciones. Sírvase.

Cliente: Vamos a leerla juntos, ¿sí? Así Ud. puede sacarme todas las dudas.

Recepcionista: Por supuesto, señor.

Palavras-chaves

Palabras claves

distancia ‣ *distância*
el guía especializado ‣ *o guia especializado*
excursión ‣ *excursão*
número de personas ‣ *quantidade / número de pessoas*
precio por persona ‣ *preço por pessoa*
precio por un día ‣ *preço da diária*
senderismo ‣ *trilha / montanhismo*
sitios para visitar ‣ *locais de visita*
transporte sin cargos ‣ *transporte grátis*
viaje organizado ‣ *excursão programada*

Para sair do sufoco

Para salir del apuro

ESPAÑOL	PORTUGUÉS
– ¿Qué se incluye en la excursión?	– O que está incluso na excursão?
– ¿Tiene el pasaporte en regla?	– O seu passaporte está válido?
– ¿Con cuánto tiempo de antelación debo hacer la reserva?	– Com quanta antecedência devo fazer a reserva?
– ¿Cuenta con acceso para personas con discapacidad?	– Tem acesso para pessoas com deficiência?
– Voy a hacer un viaje por mi cuenta.	– Vou viajar por conta própria.
– ¿Ese tramo lo costea el viajero?	– Esse trecho é por conta do viajante?

Así es la vida... y el idioma

Assim é a vida... e o idioma

Tipos de turismo – playa, esquí, montaña, termal-spa, ecológico, de aventura, rural, cultural, deportivo, urbano, crucero.

¿Quiénes reciben propina? – El dar propina es una costumbre social en muchos países, tanto que en muchos casos se considera prácticamente una obligación. En los restaurantes es costumbre dejar una propina del 10% sobre la factura. Algunos lugares incluyen la propina en la factura. No se olvide de los maleteros, los mozos, los porteros que llaman un taxi, el personal del servicio de limpieza de las habitaciones, el guía de turismo, el conserje del hotel etc.

Expresiones curiosas:
- Hacer turismo a tu aire – fazer turismo por conta própria.
- Hacer turismo por libre – fazer turismo por conta própria.

Agora é a sua vez

Ahora te toca a ti

A ver qué sabes...

a. ¿Qué tipos de turismo existen?
_____

b. ¿Cómo se llama el dinero que se le da al personal de los restaurantes y hoteles?
_____

c. ¿Qué prefieres, turismo "a tu aire" o excursión contratada? ¿Por qué?
_____

d. ¿En qué piensas cuando tienes que hacer un viaje? ¿Cómo te organizas para viajar?
_____

Respuestas al final del libro.

¿Qué hora es?

Que horas são?

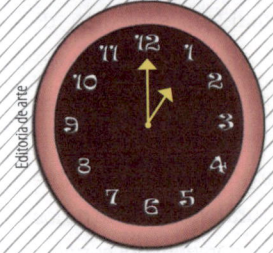

Es la una. (13:00)

Son las dos. (14:00)

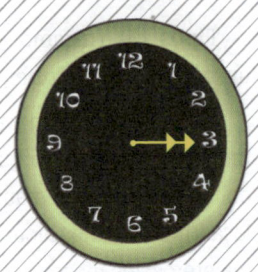

Son las tres y cuarto. (15:15)

Son las cuatro y veinte. (16:20)

Son las cinco y treinta / media. (17:30)

Son las seis menos veinte. (17:40)

Son las ocho menos diez. (19:50)

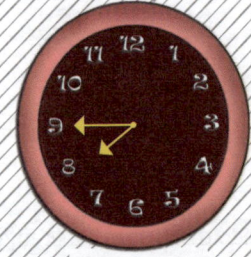

Son las ocho menos cuarto. (19:45)

Son las doce. / Es mediodía en punto. / Es medianoche en punto. (12:00)

3

Turismo deportivo
Turismo esportivo

El arquero / El portero
O goleiro

La cancha / El campo
A quadra / O campo

El estadio
O estádio

La grada / La tribuna
A arquibancada

Los inchas
A torcida / Os torcedores

El juez / El árbitro
O juiz / O árbitro

Los jugadores
Os jogadores

La taquilla / La ventanilla
A bilheteria

Turismo de playa
Turismo de praia

El salvavida / El socorrista
O salva-vidas

La arena
A areia

La ola
A onda

La silla
A cadeira

El mar
O mar

El guardasol / La sombrilla
O guarda-sol

3

Turismo de aventura
Turismo de aventura

Espeleología
Espeleologia

Ala delta
Asa-delta

Rafting
Rafting

Escalada / Andinismo
Escalada / Alpinismo

Senderismo
Montanhismo / Trilha

Esquí
Esqui

Surf
Surfe

Rápel
Rapel

Turismo cultural
Turismo cultural

Catedral de La Sagrada Familia, en Barcelona
Catedral da Sagrada Família, em Barcelona

Museo del Prado, en Madrid
Museu do Prado, em Madrí

Festividad de Inti Raymi, Perú
Festa de Inti Raymi, Peru

Sitio arqueológico de Chichén Itza, México
Sítio arqueológico de Chichén Itza, México

Cosas que pasan... 4

Haciendo turismo ecológico

Esposa: Por favor, queremos información sobre viajes a Bolivia.
Agente: Muy bien. ¿Es para Ud. sola o lleva acompañante?
Esposa: Es para mi marido y para mí.
Agente: ¿Van por negocios o por placer?
Esposa: No, por negocios no. Queremos conmemorar el aniversario de bodas haciendo turismo ecológico.
Agente: Sí, pueden visitar el lago Titicaca y la Cordillera Real.
Esposa: Excelente, es lo que queremos. ¿Tiene un viaje integrado?
Agente: El que tengo es con vuelo a La Paz y después, en autobús y jeep van a Tiwanaku, al Lago Titicaca y a la Cordillera Real.
Esposa: Además del traslado, ¿qué más está incluido en el paquete?
Agente: El alojamiento en habitación doble, la pensión completa y el guía.
Esposa: ¿Cuánto sale y cuáles son las condiciones de pago?
Agente: Sí, aquí tiene el valor y las formas de pago. Llévese el folleto, estúdielo con su marido y vuelva para hacer la reserva.
Esposa: Nos encantó, pero, por ahora, muchas gracias por su atención.
Agente: ¡Hasta luego!
Agente: Adiós y a las órdenes.

Palavras-chaves

Palabras claves

deforestación ‣ *desmatamento*
derroche ‣ *desperdício*
desarrollo sostenible ‣ *desenvolvimento sustentável*
erosión ‣ *erosão*
experto, guía ‣ *guia turístico*
extinción ‣ *extinção*
gimnasia ‣ *ginástica*
paseo a caballo ‣ *passeio a cavalo*
preservación del medio ‣ *preservação do meio ambiente*
riquezas naturales y culturales ‣ *riquezas naturais e culturais*
tienda de campaña / carpa ‣ *barraca de camping*

Para sair c o sufoco

Para salir del apuro

ESPAÑOL	PORTUGUÉS
– Estar en forma	– Ter bom condicionamento físico / Estar em forma
– Hacer *footing*	– Fazer caminhada
– Hacer pie	– Dar pé (alcançar o fundo na praia, na piscina)
– Hacer deportes	– Praticar esportes

Así es la vida... y el idioma

Assim é a vida... e o idioma

Consejos útiles:

- Cuando prepare su equipaje para un viaje de aventura, no se olvide de la ropa impermeable, ropa de abrigo, gafas de sol, guantes, cremas de protección solar, gorro y repelente.
- No se olvide nunca de consultar, unas semanas antes del viaje, si es necesario vacunarse contra algunas enfermedades endémicas del local, además de llevarse algunos medicamentos importantes para cualquier emergencia.

Agora é a sua vez

Ahora te toca a ti

Todo viaje de aventuras exige un tipo de equipaje. Identifícalos.

| Guantes para esquí | Repelente |
| Gafas de sol / Anteojos | Crema de protección solar |

a. _____

b. _____

c. _____

d. _____

Respuestas al final del libro.

Kit de primeros auxilios

Kit de primeiros socorros

- **El alcohol** — *O álcool*
- **El merthiolate / El mertiolate** — *O mertiolate*
- **El esparadrapo** — *O esparadrapo*
- **La gaza** — *A gaze*
- **Las curitas / Las tiritas** — *O curativo*
- **Los hisopos de algodón** — *Os cotonetes*
- **El algodón** — *O algodão*
- **La tijera** — *A tesoura*
- **La pinza** — *A pinça*

Cosas que pasan... 5

En el aeropuerto

Azafata:	¡Buenos días, señor!
Pasajero:	Buenos días.
Azafata:	Su billete y su pasaporte, por favor.
Pasajero:	Aquí los tiene.
Azafata:	A ver. ¿Prefiere ventanilla o pasillo?
Pasajero:	Pasillo, por favor.
Azafata:	¿Cuál es su equipaje?
Pasajero:	Aquí está, tengo apenas una maleta.
Azafata:	Bueno, sírvase. Aquí tiene su tarjeta de embarque con el número del asiento en el pasillo. Debe presentarse para el embarque a las 12:20 por la puerta de embarque 15.
Pasajero:	Muchas gracias, señorita.
Azafata:	Buen viaje, señor.

Palavras-chaves

Palabras claves

alquiler de coche ▸ *aluguel de carro*
asiento ▸ *poltrona*
cajero automático ▸ *caixa eletrônico*
cambio de terminales ▸ *mudança de terminais*
comisaría del aeropuerto ▸ *posto policial do aeroporto*
conexión entre terminales ▸ *conexão entre os terminais*
equipaje ▸ *bagagem*
equipaje de mano ▸ *bagagem de mão*
límite de equipaje ▸ *limite de bagagem*
mercadería / mercancía ▸ *mercadoria*
número de vuelo ▸ *número do voo*
pasajero ▸ *passageiro*
pasillo ▸ *corredor*
puesto de información ▸ *balcão de informações*
ventanilla ▸ *janela em veículos, guichê, bilheteria*

Para sair do apuro

Para salir del apuro

ESPAÑOL	PORTUGUÉS
– ¿Dónde están los servicios / los baños?	– *Onde ficam os banheiros?*
– ¿Dónde puedo declarar este aparato electrónico?	– *Onde posso declarar este aparelho eletrônico?*
– ¿Cómo debo rellenar / llenar el registro de salida?	– *Como devo preencher o registro de saída?*
– ¿Cuál es la puerta de embarque internacional?	– *Qual é o portão de embarque internacional?*
– ¿Cuál es la ventanilla para hacer el chequeo para este vuelo?	– *Qual é o balcão de* check-in *deste voo?*

Así es la vida... y el idioma

Assim é a vida... e o idioma

Aquí tienes algunas palabras importantes para tus viajes en avión:

- caja negra de voces ▸ *caixa-preta*
- la pista ▸ *a pista*
- el despegue ▸ *a decolagem*
- el aterrizaje ▸ *a aterrissagem*
- la tripulación ▸ *a tripulação*
  - el piloto ▸ *o piloto*
  - el copiloto ▸ *o copiloto*
  - el comandante ▸ *o comandante*
  - la azafata, el comisario ▸ *a aeromoça, o comissário de bordo*

Marlene Tavares

Agora é a sua vez

Ahora te toca a ti

A ver qué sabes...

a. ¿Adónde te diriges para hacer el chequeo? _____.

b. Los asientos del avión están al lado del _____ o de la _____.

c. La chica que te sirve la comida en el avión es la _____.

d. Cuando el avión sale del suelo se llama _____ y cuando vuelve al suelo _____.

e. Las maletas en las que llevas tus ropas y objetos personales forman parte del _____.

Respuestas al final del libro.

Tipos de equipaje
Tipos de bagagem

Maleta
Mala

Valija / Maletín
Maleta

Equipaje de mano / Neceser
Frasqueira / Valise

5

En el aeropuerto
No aeroporto

La escalera
A escada

La escalera mecánica / automática
A escada rolante

La pantalla de vuelos
O painel de voos

La cinta transportadora
A esteira rolante

La cafetería
O bar / A lanchonete

Las cabinas de teléfono
As cabines de telefone

La báscula / La balanza
A balança

El control de rayos X
O controle de raios X

El control de equipaje
A etiqueta de identificação da bagagem

La puerta de embarque / embarco
A porta de embarque

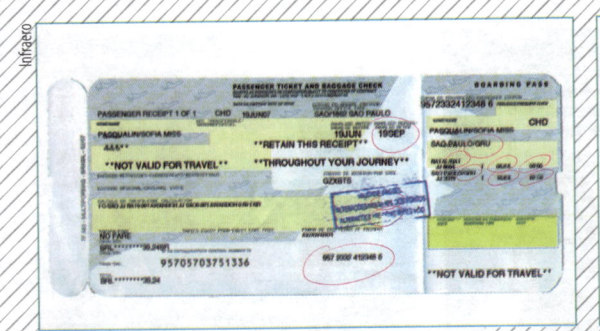

La tarjeta de embarque / embarco
O cartão de embarque

El pasaporte
O passaporte

La manga
A passarela de embarque e desembarque

La torre de control
A torre de controle

La escalerilla
A escada de embarque e desembarque

El hangar
O hangar

La pista
A pista

El baño / Los servicios del avión
O banheiro do avião

Los asientos
As poltronas

El pasillo / El corredor
O corredor

El cinturón de seguridad
O cinto de segurança

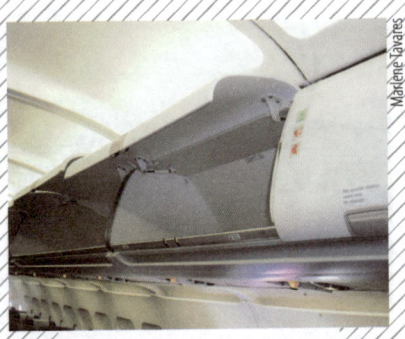

El altillo / El portaequipaje
O bagageiro

La ventanilla
A janela

El carrito de la comida
O carro da comida

Cosas que pasan... 6

En la recepción del hotel / hostal...

Recepcionista:	¡Buenos días, señora!
Huéspeda:	Buenos días. Tengo una reserva a nombre de Luciana Gómez.
Recepcionista:	Su pasaporte, por favor. Vamos a buscarla en la computadora. Mmmm… aquí está.
Huéspeda:	Es una habitación simple, ¿verdad?
Recepcionista:	Sí, señora.
Huéspeda:	Yo hice la reserva para 5 días a partir de hoy, pero me gustaría extenderla hasta el domingo, o sea, 7 días.
Recepcionista:	Vamos a ver si hay alguna reserva pendiente para la habitación…
Huéspeda:	¡Ojalá tenga suerte!
Recepcionista:	Y la tiene, no hay problema. Extiendo su estada hasta el domingo, entonces.
Huéspeda:	¡Ah, qué suerte!, muchas gracias. ¿Es una habitación exterior?
Recepcionista:	Sí, señora. De frente al mar.
Huéspeda:	¡Qué maravilla! No hay nada más relajante que mirar el mar a la noche.
Recepcionista:	Firme aquí, por favor. Aquí tiene las llaves, y el botones la acompañará y la ayudará con el equipaje.
Huéspeda:	¡Muchas gracias!
Recepcionista:	No hay de qué. ¡Buena estada!

Palavras-chaves

Palabras claves

balcón / terraza ▸ *sacada*
factura ▸ *nota fiscal*
habitación doble ▸ *quarto para duas pessoas ou de casal*
habitación simple / sencilla ▸ *quarto simples ou de solteiro*
horario de desayuno ▸ *horário do café da manhã*
las valijas ▸ *as malas*
media pensión ▸ *meia-pensão*
pensión completa ▸ *pensão completa*
perchas ▸ *cabides*
rellenar la ficha de registro ▸ *preencher o cartão ou a ficha de registro*
solo alojamiento ▸ *somente hospedagem*
tarjeta de crédito ▸ *cartão de crédito*
todo incluido ▸ *tudo incluso*

Para sair do sufoco

Para salir del apuro

ESPAÑOL	PORTUGUÉS
– ¿Cuánto cuesta la diaria?	– Quanto custa a diária?
– ¿Qué precio tienen las habitaciones?	– Qual é o preço dos quartos?
– ¿Las habitaciones tienen aire acondicionado?	– Há ar-condicionado nos quartos?
– ¿Se puede pagar con tarjeta de crédito?	– Posso pagar com cartão de crédito?
– ¿Hay plazas libres en este hotel?	– Há vagas no hotel?
– ¿Desea una habitación simple o doble?	– Deseja um quarto de solteiro ou de casal?
– ¿Cuándo hizo la reserva?	– Quando foi feita a reserva?

Así es la vida... y el idioma

Assim é a vida... e o idioma

En cualquier tipo de alojamiento somos recibidos por los porteros, los recepcionistas y los botones que llevan nuestro equipaje hasta la habitación y a quienes generalmente se les da una propina por la atención. Además, encontramos las mucamas que arreglan el cuarto, los camareros de piso y los del restaurante. Cuando se tiene alguna reclamación, crítica o sugerencia, hay que buscar al empleado que tiene el cargo de relaciones públicas del hotel y ¡buena estadía!

Agora é a sua vez

Ahora te toca a ti

a. El personal que hace la limpieza de las habitaciones es formado por _____.

b. Los que sirven el desayuno son _____
_____.

c. El responsable por administrar el hotel es _____
_____.

d. Los que nos llevan el equipaje hasta la habitación son _____
_____.

e. El personal que nos recibe en la puerta del alojamiento es compuesto por _____.

Respuestas al final del libro.

Los tipos de llaves
Os tipos de chaves

Llave
Chave

Llave electrónica / magnética
Cartão magnético de segurança

Los tipos de fichas
Os tipos de fichas

Ficha de registro
Ficha de cadastro

Tarjeta de identificación
Cartão de identificação

Cosas que pasan... 7

Usando la internet, el fax, el teléfono...

Telefonista: Buenos días.

Huéspeda: Hola, necesito su ayuda, por favor.

Telefonista: ¿Qué necesita?

Huéspeda: Quiero hacer una llamada de larga distancia, con cobro revertido.

Telefonista: Si la hace desde la habitación, debe marcar el 009, el número del prefijo del país y de la ciudad a la que llama.

Huéspeda: Ya lo intenté, pero no puedo conectarme.

Telefonista: ¿Los números de los prefijos están correctos?

Huéspeda: Por supuesto que sí, la llamada es para mi familia. Ya lo he intentado otras veces y no tuve problemas.

Telefonista: No se preocupe. Páseme el número de teléfono con el que quiere hablar y se lo marcaremos desde la centralita.

Huéspeda: Es el 65892548, para São Paulo, Brasil.

Telefonista: Un momento, por favor. Ya le comunico.

Huéspeda: Muchas gracias, espero la llamada, entonces…

Palavras-chaves

Palabras claves

cabina telefónica, locutorio ▸ *cabine telefônica*
código / prefijo del país ▸ *prefixo do país*
conectarse a internet ▸ *conectar-se à internet*
conexión ▸ *conexão*
correo electrónico ▸ *correio eletrônico* / e-mail
el buzón ▸ *a caixa de correio*
el correo ▸ *o correio*
enviar un paquete ▸ *enviar um pacote*
enviar una tarjeta postal ▸ *enviar um cartão-postal*
envío de fax en el hotel ▸ *envio de fax no hotel*
número de teléfono ▸ *número de telefone*
sellos / estampillas ▸ *selos*
celular / teléfono móvil ▸ *telefone celular*

Para sair do sufoco

Para salir del apuro

ESPAÑOL	PORTUGUÉS
– ¿Cómo puedo hacer una llamada?	– *Como faço uma ligação?*
– ¿Puedo hacer la reclamación por teléfono?	– *Posso fazer a reclamação pelo telefone?*
– Hacer una llamada de larga distancia.	– *Fazer uma ligação de longa distância.*
– Ahora se pone. / Ya lo atiende.	– *Já lhe atenderá (ao telefone).*
– ¿De parte de quién?	– *Quem deseja falar com ele / ela?*

Así es la vida... y el idioma

Assim é a vida... e o idioma

Expresiones para atender una llamada telefónica.

- En España → ¡Dígame!
- En Argentina → ¡Hola! / ¿Sí?
- En Colombia → ¡Aló! / ¡A ver!
- En Cuba → ¡Oigo! / ¿Sí? / ¡Diga! / ¡Dígame!
- En Chile → ¡Aló!
- En México → ¡Mande!
- En Uruguay → ¡Hola! / ¿Quién habla?

Para mantener un diálogo.

- ¿De parte de quién?
- Enseguida se pone. / Un momento, voy a llamarlo / llamarla.
- Ese número está equivocado.

Agora é a sua vez

Ahora te toca a ti

Pon el diálogo en orden.

a. – Un momento, por favor. ( )

b. – ¿Quién la llama? ( )

c. – ¡Hola! ( )

d. – ¡Hola! ¿Está Alicia, por favor? ( )

e. – Es Javier. ( )

f. – Gracias. ( )

Respuestas al final del libro.

43

La computadora / El ordenador

O computador

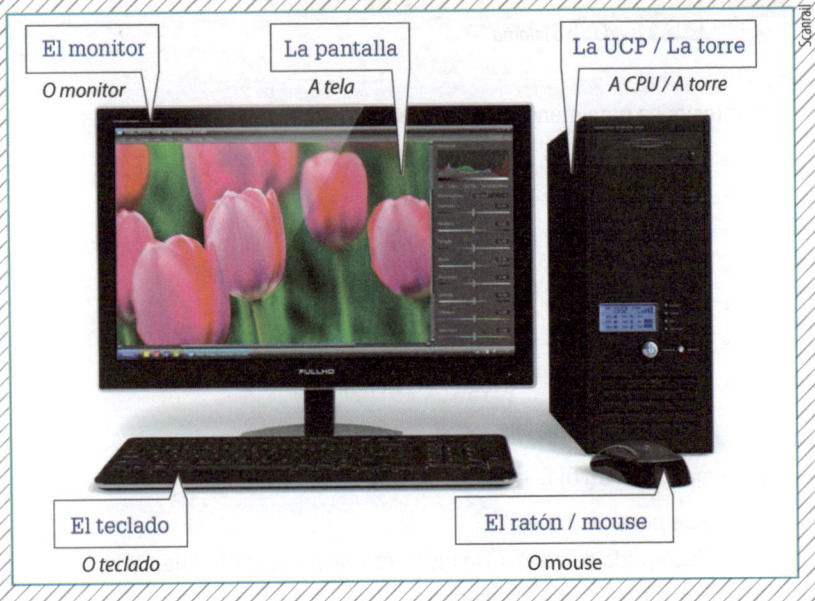

El monitor
O monitor

La pantalla
A tela

La UCP / La torre
A CPU / A torre

El teclado
O teclado

El ratón / mouse
O mouse

El disco rígido removible
O pen-drive

El parlante
O alto-falante

El CD
O Compact Disc

El enchufe
O plugue / A tomada

Cosas que pasan... 8

Pidiendo un servicio en la habitación

Riinng…

Gerenta: Restaurante, buenos días.

Huésped: Buenos días. ¿Podría servirnos el desayuno en la habitación, por favor?

Gerenta: Por supuesto, señor. ¿Lo desea completo?

Huésped: Sí, con jugo de naranja, café con leche, pan, mantequilla, fiambres y mermeladas, todo para 2 personas.

Gerenta: ¿Puedo llevarle también papaya y fresas, además de la torta de chocolate, señor?

Huésped: Ah, excelente idea. Está bien así.

Gerenta: En 10 minutos estarán sirviéndolos. Por favor, ¿cuál es el número de la habitación?

Huésped: 584.

Gerenta: Sí señor, ¿algo más?

Huésped: Muchas gracias, por ahora no…

Palavras-chaves

Palabras claves

el acceso para discapacitados ▸ *o acesso para pessoas com deficiência*
el aire acondicionado ▸ *o ar-condicionado*
el cambio de moneda / divisas ▸ *a troca de moeda*
el masaje ▸ *a massagem*
el mayordomo ▸ *o mordomo*
el servicio de despertador ▸ *o serviço de despertador*
el servicio médico ▸ *o atendimento médico*
la caja fuerte ▸ *o cofre*
la lavandería y limpieza en seco ▸ *a lavanderia e lavagem a seco*
la mensajería ▸ *o serviço de entregas*
la tintorería ▸ *a tinturaria*
la televisión por cable ▸ *a TV a cabo*
los productos de aseo ▸ *os produtos de higiene*

Para sair do sufoco

Para salir del apuro

ESPAÑOL	PORTUGUÉS
– ¿Cómo puedo programar el servicio de despertador?	– Como programo o serviço de despertador?
– ¿Dónde están las llaves de mi habitación?	– Onde estão as chaves do meu quarto?
– ¿Tienen servicio de internet en las habitaciones?	– Dispõem de internet nos quartos?
– ¿Puede mandarme el encargado de mantenimiento, por favor?	– Poderia mandar o encarregado da manutenção, por favor?
– Necesito que cambien las sábanas.	– Preciso que troquem os lençóis.

Así es la vida... y el idioma

Assim é a vida... e o idioma

Servicio que un hotel puede ofrecer:

- Ascensor
- Cambio de toallas a diario
- Estacionamiento
- Gimnasio
- Guardería
- Habitaciones con o sin baño
- Habitaciones dobles o simples
- Internet en la habitación
- Lavandería y limpieza en seco
- Limpieza de la habitación a diario
- Masajes
- Pileta de natación / Piscina cubierta y descubierta
- Periódico gratuito en la habitación
- Servicio de habitaciones con bebidas y comidas

Agora é a sua vez

Ahora te toca a ti

a. El lugar donde nos divertimos en el agua es _____.

b. El lugar donde dormimos es _____.

c. El lugar donde hacemos ejercicios físicos es _____.

d. El lugar donde estacionamos / aparcamos el coche es _____.

e. El lugar donde dejamos a los niños mientras hacemos un masaje es _____.

Respuestas al final del libro.

En el hotel
No hotel

Caja fuerte
Cofre

Estacionamiento
Estacionamento

Habitación doble
Quarto duplo

Lavandería
Lavanderia

Aire acondicionado
Ar-condicionado

Servicio de habitación
Serviço de quarto

Imagens: ShutterStock

Cosas que pasan... 9

En el restaurante

Camarera:	¡Buenas tardes!
Juan:	¡Buenas tardes! Queremos almorzar. Estamos hospedados en la habitación 75.
Camarera:	Sí, acompáñenme, por favor. ¿Esta mesa está bien?
Ana:	Por supuesto que sí. Muchas gracias.
Camarera:	¿Qué quieren tomar?
Juan:	Dos refrescos, por favor.
Camarera:	¿Algo más? Aquí tienen la carta.
Ana:	Bueno, quiero milanesas y papas fritas. ¿Y tú, Juan?
Juan:	Lo mismo que tú, Ana, y una ensalada de lechugas, tomates y cebollas.
Camarera:	Muy bien, señores. Un momento por favor.
Juan y Ana:	¡Muchas gracias!
Camarera:	De nada. ¡Buen provecho!

Palavras-chaves

Palabras claves

almuerzo ▸ *almoço*
bodega ▸ *adega*
carta de vinos ▸ *carta de vinhos*
cena ▸ *jantar*
cerveza ▸ *cerveja*
comida ▸ *comida ou refeição*
gaseosa / refresco ▸ *refrigerante*
hielo ▸ *gelo*
jugo / zumo ▸ *suco*
pajita ▸ *canudo*
pan ▸ *pão*
propina ▸ *gorjeta*
reserva ▸ *reserva*
servilleta ▸ *guardanapo*
tapas / pasabocas / bocaditos ▸ *porções, aperitivo (comida)*
vino de la casa ▸ *vinho da casa*

Para sair do sufoco

Para salir del apuro

ESPAÑOL	PORTUGUÉS
– ¿Cuánto le debo? / ¿Cuánto es?	– Quanto é?
– Traiga la cuenta, por favor.	– Por favor, a conta.
– ¡Buen provecho! / ¡Buen apetito! / ¡Disfrute!	– Bom apetite!

Así es la vida... y el idioma

Assim é a vida... e o idioma

Para hacer un brindis debemos decir ¡*A tu salud!* o ¡*Chin chin!* mirando a los ojos de la persona con quien brindamos, y chocar las copas para que éstas suenen.

Ir de tapas ▸ ir a un bar con amigos para comer porciones.

Ir de copas ▸ ir a uno o varios bares por la noche para beber.

Ir de juerga ▸ salir para divertirse.

Pagar a escote ▸ cada uno paga lo suyo.

Agora é a sua vez

Ahora te toca a ti

Haz una lista con lo que comes en cada comida.

DESAYUNO	ALMUERZO	MERIENDA	CENA

Respuestas al final del libro.

En la mesa
Na mesa

El mantel	A toalha de mesa
La base	O jogo americano
El vaso	O copo
La servilleta	O guardanapo
El tenedor	O garfo
El plato	O prato
El cuchillo	A faca
La cuchara	A colher
La pimienta	A pimenta
La sal	O sal
El aceite	O azeite
El vinagre	O vinagre

Cosas que pasan... 10

Cerrando la cuenta del hotel

Huéspeda: Por favor, cierre mi cuenta.

Recepcionista: A ver, Señora Muñoz, habitación 584...

Huéspeda: ¿Podría mandar a buscar el coche?

Recepcionista: Por supuesto, señora.

Huéspeda: Ah, el equipaje aún está en la habitación.

Recepcionista: No se preocupe, el botones ya se lo trae. ¿Usted utilizó el servicio de internet y una comida, la cena, en la habitación?

Huéspeda: Sí, anoche; además utilicé la lavandería para lavar un traje y una camisa. Hablando del tema, quedaron excelentes.

Recepcionista: Muchas gracias, señora. Aquí tiene la cuenta. ¿Cómo va a pagar?

Huéspeda: Con tarjeta, aquí la tiene. No se olvide de la factura. Necesito llevarla a la empresa para demostrar mis gastos.

Recepcionista: Aquí está. El hotel agradece haberla tenido como huésped y la esperamos cuando quiera.

Huéspeda: Muchas gracias, hasta la próxima...

Recepcionista: Buen viaje.

Palavras-chaves

Palabras claves

en metálico / efectivo ▸ *em dinheiro*
formas de pago ▸ *forma de pagamento*
lista de servicios utilizados ▸ *relação dos serviços utilizados*
recepción del hotel ▸ *recepção do hotel*
tarjeta de crédito ▸ *cartão de crédito*

Para sair do sufoco

Para salir del apuro

ESPAÑOL	PORTUGUÉS
– Cierre mi cuenta, por favor.	– *Feche a minha conta, por favor.*
– Busque mi equipaje, por favor.	– *Traga a minha bagagem, por favor.*
– Busque mi coche, por favor.	– *Traga-me o carro, por favor.*
– Necesito un taxi hasta el aeropuerto.	– *Vou precisar de um táxi até o aeroporto.*
– Llame al Servicio de Atención al Cliente.	– *Ligue para o SAC (Serviço de Atendimento ao Cliente).*
– Rellene este impreso, por favor.	– *Preencha esta ficha, por favor.*
– Vuelva más veces. Será un gusto recibirlo(a).	– *Volte mais vezes. Será um prazer recebê-lo(a).*
– ¿Puedo pagar con moneda extranjera?	– *Posso pagar com moeda estrangeira?*
– Espero que todo haya sido de su agrado.	– *Espero que tudo tenha sido de seu agrado.*

Así es la vida... y el idioma

Assim é a vida... e o idioma

Formas de pago:
- tarjeta de crédito
- en metálico / efectivo
- con cheque

Departamentos de un hotel:
- la recepción, la conserjería, la administración, la cocina, el comedor, restaurante, lugar de ocio.

Agora é a sua vez

Ahora te toca a ti

Une cada palabra a su significado.

propina	garçom
botones	balcão
camarero	nota fiscal
factura	gorjeta
mostrador	mensageiro

Respuestas al final del libro.

El minibar
O frigobar

La gaseosa / El refresco
O refrigerante

La cerveza
A cerveja

La soda
A água com gás

El agua mineral
A água mineral

La castaña
A castanha

El maní / el cacahuete
O amendoim

La tostada
A torrada

Cosas que pasan... 11

Alquilando un auto

Huésped: ¿Cuánto cuesta la diaria de un coche alquilado?
Recepcionista: ¿Está Ud. hospedado en el hotel, verdad?
Huésped: Por supuesto que sí.
Recepcionista: Hay una promoción para los huéspedes: si alquila un coche simple por una semana pagará apenas 5 días. ¿Qué le parece?
Huésped: Muy bueno, pero ¿cuánto sale la diaria?
Recepcionista: Además, la recogida puede ser aquí y la devolución en el aeropuerto cuando vuelva a su país.
Huésped: Sí, pero no me ha dicho a cuánto está la diaria.
Recepcionista: Está muy barata, y si aprovecha el paquete, no se arrepentirá.
Huésped: ¡Por Dios, hombre! ¿A cuánto la diaria?...

Palavras-chaves

Palabras claves

alquiler de auto ▸ *aluguel de carro*
aparcar / estacionar ▸ *estacionar*
el carné de conducir / de conductor ▸ *a carteira de habilitação*
la devolución del automóvil ▸ *a devolução do carro*
la recogida del automóvil ▸ *a retirada do carro*
precio del alquiler ▸ *preço do aluguel*

Para sair do sufoco

Para salir del apuro

ESPAÑOL	PORTUGUÉS
– ¿Dónde puedo alquilar un coche?	– Onde posso alugar um carro?
– ¿Cuánto sale la diaria del auto?	– Qual é o preço da diária do carro?
– ¿Cómo es el procedimiento de alquiler?	– O que devo fazer para alugar um carro?
– ¿Puedo alquilar remolque y portaequipaje / bacas junto con el coche?	– Posso alugar o carro com o bagageiro e o serviço de reboque?
– Me han puesto una multa.	– Fui multado.
– Necesito el coche lo antes posible, pues me corre prisa irme de vacaciones.	– Preciso do carro o quanto antes, pois já estou pronto para sair de férias.
– Se me pinchó una rueda / goma.	– Furou um pneu.
– Necesito remolcar el coche.	– Preciso guinchar o carro.
– Hay un embotellamiento en la avenida principal.	– Há um engarrafamento na avenida principal.

Así es la vida... y el idioma

Assim é a vida... e o idioma

Cuando alquile un coche, no se olvide de revisar los accesorios obligatorios:
- el gato (o macaco) – el triángulo de señalización (o triângulo) – la llave de estrella o cruceta (a chave estrela) – el extintor/ matafuego (o extintor)
- Categoría del vehículo: mini – económico – compacto – intermedio – standard – gran lujo – especial – furgón

Para alquilar un coche:
- Debe ser mayor de 21 años.
- Debe tener licencia de conducir.

Agora é a sua vez

Ahora te toca a ti

Relaciona.

estacionamiento prohibido

circulación prohibida

área de descanso

ceda el paso

calle residencial

Respuestas al final del libro.

En el auto
No carro

El panel
O painel

El volante / La dirección
O volante / A direção

El asiento
O banco

La guantera
O porta-luvas

En auto
De carro

La autopista
A rodovia (com pedágio)

La carretera / La ruta
A estrada

El puente
A ponte

El río
O rio

En la calle
Na rua

El semáforo
O semáforo / O sinaleiro

El parquímetro
O parquímetro

La parada de autobús / ómnibus
O ponto de ônibus

La estación de servicio
O posto de gasolina

El cajero automático
O caixa eletrônico / O caixa automático

El auto lavado
O lava-rápido

El agujero / El bache / El hoyo
O buraco (nas ruas, estradas)

El basurero / El cesto de basura
O cesto de lixo

La acera / vereda
A calçada

El paso de cebra / de peatones
A faixa de pedestre

La vereda / La acera peatonal
O calçadão

El inspector de tránsito / tráfico
O guarda de trânsito

El buzón
A caixa de correio

La cabina de teléfono / El teléfono público
A cabine de telefone

La iglesia
A igreja

El jardín
O jardim

La feria de artesanía
A feira de artesanato

El restaurante
O restaurante

La terraza
O terraço

El quiosco / kiosko
A banca de jornal

Los medios de transporte

Os meios de transporte

El avión
O avião

La autocaravana / La casa rodante
A motocasa / O motor home / O trailer

El autocar / El colectivo / El autobús
O ônibus

El yate
O iate

La bicicleta
A bicicleta

El camión
O caminhão

El carruaje / El coche a caballo
A carruagem

El catamarán
O catamarã

La furgoneta
O micro-ônibus

La grúa / El guinche
O guincho

El helicóptero
O helicóptero

El jetski
O jet ski

11

**La locomotora eléctrica /
El tren eléctrico**
A locomotiva elétrica / O trem elétrico

El metro / El subterráneo
O metrô

La motoneta / La vespa
A motocicleta

El taxi
O táxi

El tranvía
O bonde

El triciclo
O triciclo

67

El tren turístico
O trem turístico

El barco
O barco

El andén / El zaguán
A plataforma

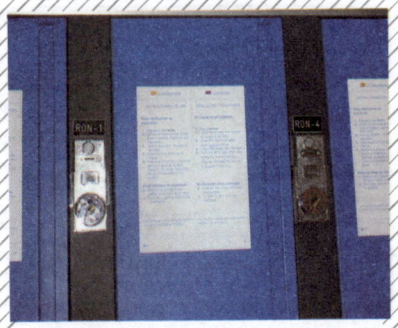

La consigna / El guarda volúmenes
O guarda-volumes

La estación de ferrocarril
A estação de trem

El vagón / El coche
O vagão

Cosas que pasan... 12

Pidiendo información acerca de una localización

Motorista:	Por favor, ¿hay un banco por aquí cerca?
Mujer:	Sí, hay uno a dos cuadras.
Motorista:	¿Cómo se va?
Mujer:	Bueno, a ver… Siga esta calle hasta la segunda esquina y doble a la derecha, el banco está al lado del supermercado.
Motorista:	Ah, está cerquita, entonces.
Mujer:	Sí, por supuesto. ¿Ha entendido lo que le he explicado?
Motorista:	Voy hasta la segunda esquina, en la calle, doblo a la izquierda y…
Mujer:	No, a la derecha…
Motorista:	Ah, sí, a la derecha. El banco está al lado del super. Muchas gracias, señorita.
Mujer:	No hay de qué…

Palavras-chaves

Palabras claves

cerca de ▸ *próximo a*
dirección ▸ *sentido, direção*
estación de autobuses / colectivos ▸ *terminal de ônibus*
parada de autobús / taxi ▸ *ponto de ônibus / táxi*
ubicación ▸ *localização*
vuelto / cambio ▸ *troco*

Para sair do sufoco

Para salir del apuro

ESPAÑOL	PORTUGUÉS
– ¿Cuál es el mejor itinerario?	– *Qual é o melhor caminho?*
– Por favor, ¿dónde está la parada de autobús?	– *Por favor, onde fica o ponto de ônibus?*
– Por favor, deme un billete.	– *Por favor, quero uma passagem.*
– ¿Hay una panadería por aquí cerca?	– *Há alguma padaria próxima daqui?*
– ¿Dónde queda el Museo?	– *Onde fica o Museu?*
– ¿Por qué hay tanto tráfico en esta calle?	– *Por que há tanto trânsito nesta rua?*
– ¿Cómo voy al centro comercial?	– *Como posso ir ao shopping?*
– ¿Está libre? (Llamando a un taxi.)	– *Está livre?*
– ¿A qué hora sale el colectivo para Recife?	– *Qual é o horário do ônibus para Recife?*

12

Así es la vida... y el idioma

Assim é a vida... e o idioma

"El apurado puede no llegar a su destino."

Para que esto no le pase, siga los consejos siguientes antes de subirse a su vehículo:

- Revise el vehículo con mucha atención.
- Abróchese el cinturón.
- Respete los límites de velocidad indicados en las señales de tráfico de las calles, avenidas o rutas.
- Póngase el casco si viaja en moto o bicicleta.
- Respete los semáforos.
- Mantenga distancia del vehículo que va delante suyo y no frene de golpe.

Curiosidades:

- ir **en** tren / autobús / metro / bicicleta / moto / coche / buque / barco / avión
- ir **a** pie / caballo
- subir **al** tren / autobús / metro / coche / buque / barco / avión / caballo / **a la** bicicleta / moto
- bajar **del** tren / autobús / metro / coche / buque / barco / avión / caballo / **de la** bicicleta / moto

Agora é a sua vez

Ahora te toca a ti

a. ¿Cómo vas normalmente al trabajo / a la escuela?

b. ¿Hay una panadería cerca de tu casa? ¿Cómo vas?

c. ¿Hay mucho tráfico en la ciudad donde vives?

d. ¿Qué te gusta más, viajar en coche u ómnibus? ¿Por qué?

Respuestas al final del libro.

La ubicación y direcciones

A localização e direções

Detrás de las casas hay montañas.
Atrás das casas há montanhas.

Delante del edificio hay un monumento.
Diante do edifício há um monumento.

El florero está **encima** de la mesita.
A floreira está em cima da mesinha.

Estoy **debajo** de un árbol.
Estou debaixo de uma árvore.

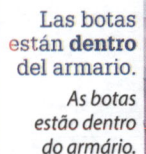

Las botas están **dentro** del armario.
As botas estão dentro do armário.

Las botas están **fuera** del armario.
As botas estão fora do armário.

Minidiccionario ilustrado

Español – Portugués

Guía para consultar este diccionario

Guia para consultar este dicionário

Los artículos de este diccionario estan organizados de la siguiente manera: en primer lugar, se ofrece el lema en color **azul** y con tamaño de letra mayor. A continuación, por medio de abreviaturas, el lema es clasificado gramaticalmente y en cuanto al ramo de la ciencia o del ámbito de la actividad humana en el qual el vocablo es usado. Luego, se presentan en español la definición y algunas frases ejemplificando el uso del vocablo y otras observaciones. Al final del artículo, marcada por el ícono 📖, se ofrece la traducción del lema para el idioma portugués.

*Os conteúdos deste dicionário estão organizados da seguinte forma: a entrada é facilmente visualizada pelo vocábulo em cor **azul** e pelo maior tamanho das letras. A seguir, usando-se abreviaturas, procede-se à classificação gramatical e quanto ao ramo da ciência ou do âmbito da atividade humana do qual a palavra é usada. Em seguida, expõe-se em espanhol a definição, as frases exemplificando o uso do vocábulo e outras observações. Ao finalizar, demarcada com o ícone 📖, apresenta-se a tradução do vocábulo para o idioma português.*

Se pone especial atención en el mundo del turismo, por lo que se facilita una lista de palabras o situaciones que están relacionadas con este fin específico. A continuación, se presenta un cuadro práctico que muestra cómo está organizado el diccionario.

Há atenção especial direcionada ao setor de turismo, por isso há uma lista de palavras ou situações que estão relacionadas com este tema específico. Veja, a seguir, o quadro prático que mostra como o dicionário está organizado.

Acampada 1. *f.* Instalación temporal en un lugar al aire libre, generalmente en tiendas de campaña: *La acampada del fin de semana fue muy divertida.* 2. Ir de acampada *loc. adv.* Salir de excursión con la tienda de campaña: *En Semana Santa nos iremos de acampada a los Picos de Europa.* 📖 *Acampamento*

- Entrada del verbete / *Entrada do verbete*
- Observaciones gramaticales / *Categorias gramaticais*
- Definición de la palabra / *Definição da palavra*
- Ejemplos de uso / *Exemplos de uso*
- Traducción para el portugués / *Tradução para o português*

Principales abreviaturas en este diccionario

Principais abreviaturas do dicionário

adj.	adjetivo *(adjetivo)*		gram.	gramática *(gramática)*
adv.	adverbio *(advérbio)*		INFORM.	Informática *(Informática)*
adj. y f.	adjetivo y sustantivo femenino *(adjetivo e substantivo feminino)*		intr.	intransitivo *(intransitivo)*
			loc.	locución *(locução)*
adj. y m.	adjetivo y sustantivo masculino *(adjetivo e substantivo masculino)*		m.	sustantivo masculino *(substantivo masculino)*
			m. pl.	sustantivo masculino plural *(substantivo masculino plural)*
adj. y s.	adjetivo y sustantivo *(adjetivo e substantivo)*		MED.	Medicina *(Medicina)*
AERON.	Aeronáutica *(Aeronáutica)*		m. y f.	sustantivo masculino y femenino *(substantivo masculino e feminino)*
AGR.	Agricultura *(Agricultura)*			
AMÉR.	América *(América)*		m. y adj.	sustantivo masculino y adjetivo *(substantivo masculino e adjetivo)*
ANAT.	Anatomía *(Anatomia)*			
ARQ.	Arquitectura *(Arquitetura)*			
ASTRON.	Astronomía *(Astronomia)*		MAR.	Marina *(Marinha)*
BIOL.	Biología *(Biologia)*		MAT.	Matemáticas *(Matemática)*
BOT.	Botánica *(Botânica)*		METR.	Métrica *(Métrica)*
CIN.	Cine *(Cinema)*		MIL.	Militar *(Militar)*
col.	coloquial *(coloquial)*		MIN.	Mineralogía *(Mineralogia)*
COM.	Comercio *(Comércio)*		MÚS.	Música *(Música)*
conj.	conjunción *(conjunção)*		p. p.	participio pasado *(particípio passado)*
DEP.	Deporte *(Desporte)*			
ECON.	Economía *(Economia)*		p. p. irreg.	participio pasado irregular *(particípio passado irregular)*
ELECTR.	Electricidad *(Eletricidade)*			
f.	sustantivo femenino *(substantivo feminino)*		pl.	plural *(plural)*
			pron.	pronominal *(pronominal)*
f. pl.	sustantivo femenino plural *(substantivo feminino plural)*		prep.	preposición *(preposição)*
			SOC.	Sociología *(Sociologia)*
FAM.	Familiar *(Familiar)*		TAUROM.	Tauromaquia *(Tauromaquia)*
fig.	figurado *(figurado)*		tr.	verbo transitivo *(verbo transitivo)*
FÍS.	Física *(Física)*			
FOT.	Fotografía *(Fotografia)*		VOZ FRANC.	Voz francesa *(Língua: Francês)*
GEOL.	Geología *(Geologia)*		VOZ INGL.	Voz inglesa *(Língua: Inglês)*
GEOM.	Geometría *(Geometria)*		ZOOL.	Zoología *(Zoologia)*

A 1. *f.* Primera letra del alfabeto español y primera de las vocales, la *a* es la vocal más abierta del sistema fonológico. El plural es *aes*. 2. *prep.* Es complemento de la acción del verbo: *Escucha a tus padres*. Con el artículo *el* forma la contracción *al*. Preposición que acompaña a muchos verbos, sustantivos y adjetivos: *De cabo a rabo*. Forma locuciones prepositivas: *A semejanza de*. Forma expresiones adverbiales: *A mano*. Indica dirección o destino: *Ir a Brás; fue a la escuela*. Indica posición, situación o estado: *Estar a la izquierda; echarse a llorar; volver a la carga*. Indica el momento en que ocurre algo: *Volverá a las cuatro*. Indica intervalo de tiempo o de lugar: *Tu tía está a diez minutos; estamos a diez km de Catamarca*. Indica finalidad: *Iremos a pasear*. Se usa en perífrasis: *Volver a vivir*. Indica el modo en que se hace algo: *Hablar a los gritos*. Indica una orden, seguida de un infinitivo: *¡A estudiar!* Indica comparación o contraposición entre dos conceptos: *Va de lo sublime al absurdo*. Indica un instrumento: *Escrito a mano*. Indica un límite: *Córdoba queda a 700 km de Buenos Aires*. En expresiones condicionales, equivale a la conjunción *si*. Va delante del infinitivo: *A juzgar por la apariencia, es culpable*. Indica lo que se busca o se quiere lograr, seguida de la preposición *por*: *Fue a por ella*. 📖 *A*

Abanderamiento *m.* Matrícula o registro de una embarcación extranjera bajo la bandera de un nuevo estado. 📖 *Matrícula*

Abanico 1. *m.* Instrumento plegable para darse aire: *Se echaba viento con un abanico*. 2. *fig.* Conjunto amplio de opciones para elegir: *Tiene un buen abanico de posibilidades*. 📖 *Leque*

Abonar 1. *v. tr.* Poner abono a la tierra. 📖 *Adubar*. 2. Acreditar como bueno: *La abona un currículo excelente*. 3. Pagar: *Abonar una multa*. 4. Inscribirse y pagar para recibir un servicio. 5. ECON. Acreditar dinero en una cuenta bancaria. 📖 *Creditar*

Abono 1. *m.* AGR. Sustancia mineral u orgánica para fertilizar la tierra: *Echar abono al césped*. 📖 *Adubo* 2. Pago: *Abonó las tasas*. 3. Derecho del abonado y documento del pago efectuado: *Compré un abono de tren para viajar en Europa*. 4. Entradas o billetes que se venden en conjunto para usar algún servicio temporario: *Tengo un abono para la próxima temporada de ballet clásico*. 5. ECON. Depósito de dinero en cuenta bancaria. 6. AMÉR. Pago a plazos en vários pagos: *Ahora puede comprar porque la venta es por abonos*. 📖 *Crédito*

Abrelatas *m.* Instrumento para abrir latas: *Acampamos y llevamos el abrelatas*. 📖 *Abridor de latas*

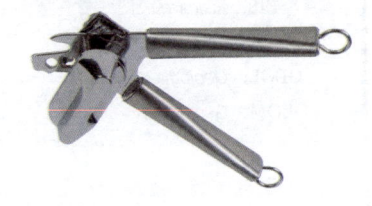

Abrelatas eléctrico *m.* Abrelatas que funciona con electricidad. 📖 *Abridor de latas elétrico*

Abrochar *tr.* Cerrar una ropa u otro objeto con botones u otros cierres: *Abróchate el cinturón de seguridad.* 📖 *Abotoar, fechar, afivelar*

Acampada 1. *f.* Instalación provisoria al aire libre, en carpas o tiendas de campaña. 2. **Salir de acampada** *loc. adv.* Salir de campamento con la carpa de campaña: *En Año Nuevo iremos de acampada a Sierra Negra.* 📖 *Acampamento*

Acampar *intr.* Instalarse provisoriamente al aire libre, alojándose en carpas de campaña: *Fueron a acampar cerca de Carlos Paz.* 📖 *Acampar*

Acceso *m.* Entrada a un establecimiento en que las empresas turísticas de alojamiento y agencias de viajes tienen paso libre por ser públicos: *Esto evita que su acceso sea impedido por motivos de raza, sexo, religión u otra razón social. El acceso a un local que tiene sus reglamentos de uso interno no puede contrariar lo dispuesto en las normas legales, y debe exhibirse de modo visible en los accesos al local.* 📖 *Acesso*

Acción 1. *f.* Ejercicio del acto, del hecho o del hacer. 2. En derecho: acudir a un juez o tribunal para obtener un derecho. 3. Cada una de las partes en que se divide el capital de una sociedad anónima. 4. Título contable que acredita el valor de cada una de aquellas partes. 📖 *Ação*

Accionista *com. econ. m.* Poseedor de las acciones de una empresa: *Existen accionistas mayoritarios y minoritarios en la dirección.* 📖 *Acionista*

Aceite *m.* Líquido graso y denso, de origen mineral, vegetal o animal, usado como alimento o para fines industriales: *Prefieres el aceite de oliva o el de linaza?* 📖 *Óleo, azeite*

Acelga *f.* Hortaliza de grandes hojas comestibles. 📖 *Acelga*

Acera *f.* Parte de la calle separada, a cada lado de la misma, y destinada a los peatones. AMÉR. vereda. 📖 *Calçada*

Aclimatación *f.* Adaptación ante nuevas situaciones del clima, de la sociedad o de sus culturas, al conocer otros lugares en que las diferencias contrastan con las del lugar de origen. 📖 *Adaptação*

Acoger *tr.* A algo o a alguien. Recibir o admitir con protección especial a una persona: *América acogió a los republicanos españoles después de la guerra.* 📖 *Acolher*

Acondicionador 1. *m.* Que acondiciona. 2. Aparato para climatizar un ambiente, conocido como aire acondicionado. 📖 *Ar-condicionado.* 3. Cosmético para el cabello después del lavado. 📖 *Condicionador*

Acreedor,ra *m.* y *f.* Persona o empresa que tiene derecho a cobrar una deuda. 📖 *Credor*

Actitud 1. *f.* Postura del cuerpo humano, especialmente cuando es determinada por los movimientos del ánimo, o expresa algo con eficacia: *Tuvo una actitud imponente en la reunión.* 2. Disposición de ánimo manifestada de algún modo: *Esos países tienen una actitud pacífica.* 📖 *Atitude*

Actividad turística *f.* Conjunto de acciones directas o indirectas relacionadas al turismo y a la prestación de servicios al turista, sean realizadas en el lugar de origen del viajero o en el de su recepción. Atiende cualquier acción de los agentes turísticos y del propio turista, para satisfacer sus necesidades y realizar acciones programadas de tiempo libre, como turismo de aventura, turismo cultural, fluvial, etc. 📖 *Atividade turística*

Activo,va 1. *adj.* Que actúa o puede actuar: *Es una empresa activa en proyectos de ingeniería.* 2. Eficiente y eficaz: *Es un técnico activo que siempre ofrece sus proyectos.* 3. Que actúa sin demora: *Es un veneno activo.* 4. Estado del trabajador mientras presta servicios: *Sigue en activo a los 68 años.* 5. GRAM. El sujeto que realiza la acción verbal: *Voz activa y oración activa.* 6. GRAM. El verbo cuyo sujeto es agente de una acción que se aplica sobre un objeto diferente de sí mismo: *El verbo activo se diferencia del verbo pasivo y del verbo pronominal.* 7. *m.* ECON. El haber total de una persona o compañía: *El activo de la compañía es pequeño.* 📖 *Ativo,va*

Acuario *m.* Depósito de agua, dentro de un edificio, para mostrar un ecosistema natural donde viven y pueden ser observados animales acuáticos, plantas y minerales. Puede ser dirigido a la exhibición de alguna espécie o para la conservación y exposición de productos, sea en establecimientos especializados en mariscos o en los centros de atracción turística. 📖 *Aquário*

Aculturación 1. *f. SOC.* Proceso de adaptación de una persona a la conducta de un grupo al que pertenece: *Los africanos en América sufrieron un proceso de aculturación.* 2. Proceso de recepción de otra cultura y de adaptación al nuevo contexto sociocultural o sociolingüístico: *La aculturación de los inmigrantes preocupa al gobierno.* 📖 *Aculturação*

Adaptación *f.* Ajustarse o adecuarse a un lugar o a una norma. Véase aclimatación. 📖 *Adaptação*

Administración 1. *f.* Organización y control de haciendas, patrimonio o bienes: *La administración de nuestra empresa está en buenas manos.* 2. Dosificación: *Hacen una buena administración de gastos.* 3. Aplicación de un medicamento: *La administración de antibióticos fuertes es necesaria después de la cirugía.* 4. Suministro o distribución de algo. **5.** Acción de conferir un sacramento: *La administración de la eucaristía podrá ser realizada por laicos.* **6.** Oficina donde se administra una empresa o una organización: *Lleva estas planillas a la administración, por favor.* **7.** Gobierno de un país y su pueblo: *Llegó a la Administración del municipio.* **8. Administración central** *f.* Conjunto de órganos superiores o de competencia general en la administración pública. **9. Administración de correos** *f.* Lugar de envío y recepción del correo. 📖 *Administração*

Administración turística *f.* Conjunto de organismos públicos que llevan a cabo las funciones de ordenar, fiscalizar y promover el fomento al turismo en el exterior y en el interior del país. En España, el sector público tiene tres niveles de organización para el turismo: Administración central (Secretaría General de Turismo del Ministerio de Comercio y Turismo), Administración autonómica (Consejería de Turismo de los gobiernos autonómicos), y Administración municipal (ayuntamientos y diputaciones a través de sus oficinas de turismo). 📖 *Administração turística*

Aduana 1. *f. com.* Oficina pública, situada en las fronteras o en lugares de contacto directo con el comercio exterior, donde se registra la mercadería importada y exportada y en que se cobran los derechos y tasas: *Pagaron una multa en la aduana del aeropuerto.* **2.** *com.* Los derechos cobrados por esas oficinas: *La mercancía cultural no paga aduana.* 📖 *Alfândega*

Aeroclub *m.* Asociación civil de socios con sus normas y cuotas de adhesión que forman un centro de reunión, formación y entrenamiento de prácticas deportivas aéreas, como pilotaje de aviones, vuelo sin motor, paracaidismo, ala delta y parapente. 📖 *Aeroclube*

Aeródromo *m.* Área plana con pistas e instalaciones para el despegue y aterrizaje de aviones. Usada para prácticas, concursos y exhibiciones aéreas. 📖 *Aeródromo*

Aeronave *f.* Vehículo para navegar por el aire o el espacio: *La aeronave no tripulada llegó a Marte.* 📖 *Aeronave*

Aeroplano *m.* Vehículo para viajar por el aire. 📖 *Aeroplano*

Aeropuerto *m.* Aeródromo e instalaciones para el tráfico de aviones, sus pasajeros y mercaderías: *Llegamos al aeropuerto de Pajas Blancas.* 📖 *Aeroporto*

Aerostación *f.* Navegación aérea con aerostatos o globos, que usan como propulsión corrientes de aire calentado con quemadores. 📖 *Balonismo*

Aerotaxi *m.* Avión menor de alquiler para uso particular. 📖 *Táxi aéreo*

Aerovía *f.* AERON. Ruta o vía para el vuelo de aviones comerciales: *El tráfico era intenso y el avión cambió de aerovía.* 📖 *Aerovia*

Afeitar 1. *tr.* Cortar el pelo que crece en la cara: *El peluquero le afeitó bien la barba.* 2. TAUROM. Cortar la punta de los cuernos del toro de lidia: *Le pusieron una multa al propietario por afeitar al toro.* 📖 *Barbear, raspar*

Afluencia turística *f.* Llegada en masa de turistas a un determinado núcleo receptor. Coincide con las temporadas altas, con un flujo permanente de llegadas y salidas, se acentúa en los comienzos de las vacaciones y en fechas como las de fiestas, o fines de semana largos, que facilitan el movimiento de turistas. No confundir con corriente turística; la afluencia turística tiene el carácter receptivo de la llegada. 📖 *Afluência turística*

Afueras *f. pl.* Áreas en los alrededores de una ciudad o pueblo; zona alejada del centro de la ciudad: *Compré casa en las afueras de Salvador.* 📖 *Arredores*

Agencia 1. *f.* Empresa que gestiona o presta determinados servicios como: *Agencia de aduanas, de publicidad, de seguros, de transportes, de viajes, etc.* 2. AMÉR. Casa de empeño. 📖 *Agência.* 3. **Agencia de viaje** *f.* Empresa comercial de servicios que organiza y comercia servicios combinados o paquetes turísticos organizados, como viajes con todo incluído, o servicios sueltos de reservas de alojamientos, transportes, cambio de monedas, etc. 📖 *Agência de viagem.* 4. **Agencia de viajes emisora** *f.* Empresa comercial que se dedica a organizar viajes o servicios sueltos, como reservas de hoteles, transporte, etc., a partir de la demanda o de pedidos previos, y a expedirlos hacia los lugares contratados. 📖 *Agência de viagem emissora.* 5. **Agencia de viajes emisora receptiva** *f.* Empresa comercial que realiza tanto servicios de agencia de viajes emisora como de agencia de viajes receptiva. 📖 *Agência de viagem emissora receptora.* 6. **Agencia de viajes especializada** *f.* Empresa tanto mayorista como minorista, especializada en un producto turístico dirigido a un segmento de la demanda, con destinos, características y servicios concretos dirigidos al turismo juvenil, de aventura, deportivo, de la tercera edad, de ferias y congresos, a los viajes profesionales y cursos de idiomas, etc., con sus productos y servicios. 📖 *Agência de viagem especializada.* 7. **Agencia de viajes mayorista** *f.* Empresa mercantil que produce y organiza servicios de paquetes turísticos, como viajes todo incluido, para la venta al público a través de agencias de viajes minoristas, sin que pueda ofrecer sus productos al consumidor. 📖 *Operadora atacadista.* 8. **Agencia de viajes mayorista-minorista** *f.* Empresa mercantil que actúa tanto como agencia de viaje mayorista y como minorista, con una licencia doble y con los correspondientes capitales y fianzas que exige la ley vigente. 📖 *Operadora atacadista e varejista.* 9. **Agencia de viajes minorista** *f.* Empresa que produce y organiza servicios de paquetes turísticos, como viajes todo incluido, para venta directa al público, que no puede ofrecer sus productos a otras agencias, pero puede vender paquetes turísticos de las agencias mayoristas. También reserva y vende servicios sueltos, como billetes de transporte y alojamiento. 📖 *Operadora varejista*. 10. **Agencia de viajes receptiva** *f.* Empresa especializada en recibir y atender turistas de viajes organizados por otras agencias de viajes, emisoras nacionales o extranjeras, con las que trabaja como corresponsal. 📖 *Agência de viagem receptiva*

Agente de viajes *m.* Persona que asesora e informa al cliente sobre los servicios ofrecidos por la agencia. Puede actuar como organizador de viajes por demanda, como agente de mostrador o como acompañante. 📖 *Agente de viagem*

Agente turístico *m.* Profesional, empresa o institución que interviene en las relaciones políticas, económicas, sociales y culturales del turismo. 📖 *Agente turístico*

Agregado,a de turismo *m.* y *f.* Funcionario de la embajada que representa los intereses turísticos de un país y cumple funciones de promoción, propaganda, publicidad y relaciones públicas del turismo de su país a otro, emisor de viajes, a través de una oficina nacional de la que es responsable. 📖 *Agregado*

Agroturismo *m.* Turismo en áreas rurales: *La agencia de agroturismo nos llevó a conocer las viñas y bodegas*. 📖 *Agroturismo*

Aguacate 1. *m.* Árbol americano de la familia de las lauráceas, alcanza diez metros de altura, con hojas siempre verdes y fruto comestible. 📖 *Abacateiro*. 2. *m.* Fruta de corteza verde, pulpa mantecosa y carozo grande, también llamada palta: *Los aguacates déjalos para el guacamole*. 📖 *Abacate*

Aguas jurisdiccionales *f.* Área oceánica de un país costero cuya distancia se fija internacionalmente, y que crea derechos y obligaciones sobre las costas y sobre las embarcaciones que circulan por ellas. 📖 *Águas jurisdicionais, águas territoriais, território marítimo*

Agujero *m.* Abertura más o menos redonda en una superficie: *Coser un agujero en la ropa*. 📖 *Buraco*

Ahumado *m.* Alimento conservado o tratado con humo para que tome un sabor especial. 📖 *Defumado*

Airbus *voz* INGL. *m.* Nombre de los aviones construidos por el consorcio "Airbus Industries". 📖 *Avião*

Aire acondicionado *m.* Aparato para climatizar un ambiente limitado. 📖 *Ar--condicionado*

Ajo *m.* Planta de la familia de las liliáceas, de unos 40 cm de altura, con hojas muy estrechas y flores pequeñas y blancas. El bulbo, blanco, redondo y de olor fuerte se usa como condimento. 📖 *Alho*

Ala delta *f.* Deporte de aventura que consiste en lanzarse desde un cerro, un precipicio o acantilado para planear en vuelo libre con una estructura metálica y una ala triangular como paracaídas. 📖 *Voo livre, asa delta*

Albergue 1. *m. Cobijo o refugio.* 2. Establecimiento hotelero más económico para turistas. 📖 *Albergue.* **Albergue juvenil** *m.* Establecimiento de alojamiento público o privado que presta servicios al turismo juvenil con precios más económicos; por extensión, el edificio que sirve de cobijo y refugio para jóvenes. Del inglés, *Youth Hostel.* 📖 *Albergue*

Alcalde *m.* com. Máxima autoridad en el ayuntamiento o municipalidad de una población: *Los concejales del ayuntamiento eligen a su alcalde.* 📖 *Prefeito*

Alcaldía *f.* Oficina municipal donde trabaja el alcalde. 📖 *Prefeitura*

Alerón 1. *m.* Aleta móvil en la parte posterior de las alas del avión, que hace variar la inclinación del aparato y facilita otras maniobras del vuelo: *El piloto bajó los alerones para el descenso.* 2. Pieza saliente que se coloca en la parte posterior de la carrocería de los automóviles para darles más aerodinámica: 📖 *Aerofólio*

Alfombra *f.* Pieza tejida que cubre el piso de una habitación, para adornar o dar calor: *Trajeron una linda alfombra persa.* 📖 *Tapete*

Alienación *f.* Sentimiento de extrañeza con las personas, cosas o situaciones por ser opuesto a lo que se esperaba; por ejemplo, el sentimiento de extrañeza que puede sentir un turista cuando es tratado con indiferencia o discriminado en el lugar de destino. 📖 *Alienação*

Alioli *m.* Salsa hecha con ajo, aceite y otros condimentos: *Tráenos una porción de papas al alioli.* 📖 *Alho e óleo*

Almacén 1. *m.* Local para guardar mercaderías que se venden al por mayor: *Guardaron toda la cosecha en el almacén de granos.* 📖 *Armazém.* 2. amér. Tienda de comestibles: *Trae el pan del almacén de la esquina.* 3. **Grandes almacenes.** Centro comercial de grandes dimensiones, dividido en secciones, en el que se venden al por menor todo tipo de productos: *Me compré este abrigo en unos grandes almacenes del centro.* 📖 *Bazar, mercado*

Almohada *f.* Colchoncito para recostar la cabeza o espalda. 📖 *Almofada, travesseiro*

Almuerzo *m.* Comida ligera que se toma a media mañana, o comida fuerte que se toma a mediodía o a las primeras horas de la tarde: *Los invitaron a tomar un café después del almuerzo.* 📖 *Almoço*

Alojamiento *m.* Lugar donde se vive durante un período y que pertenece a terceros: *La tarde en que llegamos a Salta no hallamos alojamiento.* 📖 *Alojamento.* **Alojamiento extrahotelero** *m.* Establecimiento turístico no hotelero que proporciona habitación o residencia en épocas, áreas o situaciones turísticas, con diferentes modalidades de habitación. Son alojamientos extrahoteleros los *cámpings*, *bungalows*, villas, chalés, apartamentos, casas rurales, albergues juveniles o similares. 📖 *Alojamentos extra-hoteleiros.* **Alojamiento hotelero** *m.* Empresa comercial que ofrece un servicio que permite al turista hospedarse para el descanso y otros servicios complementarios de manutención, instalaciones deportivas y recreativas, salones para reuniones, etc. Son alojamientos hoteleros los hoteles, aparthoteles, moteles, hoteles-apartamentos, y cada uno de ellos tiene una clasificación distinta según sus instalaciones y servicios. 📖 *Alojamento hoteleiro.* **Alojamiento turístico** *m.* Empresa comercial que ofrece albergue a quien lo solicite, de modo profesional y por un precio fijo, con o sin servicios complementarios. Los alojamientos pueden ser hoteleros o extrahoteleros. En general, tanto los de un tipo como los del otro tienen legislaciones diferentes. 📖 *Alojamento turístico*

Alpinismo *m.* DEP. Deporte que consiste en escalar las altas montañas: *En Bariloche se practica el alpinismo.* 📖 *Alpinismo*

Alquiler 1. *m.* COM. Acción de dar o tomar alguna cosa para hacer uso de ella, por un tiempo y por un precio determinados: *El alquiler de este departamento está muy bajo.* 2. Precio por el que se alquila algo: *No puedes pagar este alquiler porque está demasiado caro.* 3. **De alquiler** *loc. adj.* Que se alquila; que se destina al alquiler: *Coches de alquiler.* 📖 *Aluguel*

Altillo *m.* Armario ubicado en lo alto de la pared o encima del cielorrazo, debajo del techo: *Limpia las cosas viejas que están en el altillo.* 📖 *Armarinho suspenso*

Altitud *f.* Altura de un punto de la Tierra en relación al nivel del mar: *Las montañas de Bolivia producen soroche por la altitud.* 📖 *Altitude*

Alubia *f.* Planta leguminosa de tallo delgado, con flores blancas o amarillas. Sinónimos: *habichuela, judía, frijol, fréjol, haba, faba.* 📖 *Feijão*

Amortización *f.* Expresión contable de la depreciación de un bien como consecuencia de su uso, por el paso del tiempo o de su desactualización tecnológica. La amortización se realiza en diferentes períodos de tiempo y al ritmo de las disposiciones legales vigentes; desde el punto de vista financiero es la devolución gradual de una deuda en diferentes períodos de tiempo; las amortizaciones más usuales son: amortización constante, decreciente y mixta. 📖 *Amortização*

Anacardo 1. *m.* Nombre de varias especies de árboles tropicales cuyo fruto es comestible. 2. *m.* Fruto de este árbol. 📖 *Caju*

Ananás 1. *m*. Planta de la familia de las bromeliáceas, que crece unos siete decímetros de altura, con hojas rígidas, de bordes espinosos y con puntas agudas; fruto grande en forma de piña, carnoso, amarillento, suculento y terminado en un penacho de hojas. 2. m. Fruto de la planta. 📖 *Abacaxi*

Añadir 1. *tr.* Agregar o sumar una cosa a otra: *Añade sal a la carne, está insípida.* 2. Aumentar, acrecentar o ampliar, en el habla o en la escritura: *Añadió algunos datos al final de la charla.* 📖 *Acrescentar*

Ancho,a *adj.* Que tiene una extensión de lateral mayor que lo normal: *La camisa que me regalaste es ancha para mí.* 📖 *Largo,ga*

Andén 1. *m*. En las estaciones de trenes y ómnibus, vereda al borde de la vía: *El autobús está estacionado del lado del andén norte.* 2. En un puerto marítimo, el espacio sobre el muelle donde trabajan los encargados del embarque y desembarque de mercaderías. 3. Acera o vereda de la calle. 📖 *Plataforma*

Animación 1. *f.* Movimiento o impulso a la acción de cosas inanimadas. 2. Agilidad en las acciones y palabras: *El abuelito está en gran animación por su visita.* 3. Estado de ánimo de la gente en una fiesta o durante el esparcimiento: *Durante la Copa hubo gran animación.* 4. Conjunto de técnicas destinadas a impulsar la participación del público en una determinada actividad. 5. *CIN.* Técnica de preparación de dibujos en serie para una película: *Hizo un curso de animación para trabajar en la indústria cinematográfica.* 📖 *Animação.* 6. **Animación turística** *f.* Actividades de entretenimiento de los turistas durante las vacaciones. Consiste en organizar, dirigir y coordinar actividades culturales, recreativas y deportivas que complementan los servicios turísticos fundamentales en los cruceros turísticos, munícipios turísticos (fiestas populares), viajes organizados, alojamientos turísticos (hoteles de playa, de ciudad o de montaña), y en las empresas deportivas y de diversión, como discotecas. 📖 *Animação turística*

Animador,ra 1. *adj. y s.* Que anima: *La animadora del hotel divirtió a los niños.* 2. *m.y f.* Persona que ameniza e invita a la gente a participar en un espectáculo de variedades: *El animador contó unas anécdotas muy graciosas.* 3. Profesional que se dedica a organizar fiestas o reuniones: *Llevaron un animador a la boda.* 4. *CIN.* Especialista en animación: *Pixar tiene sus propios animadores turísticos.* 📖 *Animador,ra*

Anoche *adv.* Ayer a la noche. 📖 *Na noite passada*

Antelación *f.* Anticipación. Acción de adelantarse o de anticipar algo: *Sacamos las entradas del show con un mes de antelación.* 📖 *Antecedência*

Antena *f.* Aparato que recibe transmisiones de radio o de televisión. 📖 *Antena*

Antropología cultural *f.* Ciencia antropológica que estudia la naturaleza y la estructura de las culturas según el estudio etnológico de las costumbres e instituciones. La antropología cultural de las sociedades es uno de los atractivos para el turista al visitar países con formas de vida, cultura y costumbres diferentes a la suyos. 📖 *Antropologia cultural.* **Antropología turística** *f.* Parte de la antropología cultural y social que estudia científicamente al ser humano en sus ritos, hábitos, juegos, costumbres, instituciones y manifestaciones culturales en relación a la actividad turística y los aspectos etnológicos. 📖 *Antropologia turística*

Anulación *f.* Acción y resultado de dar algo por inválido o dejarlo sin validez: *Lograron la anulación del casamento por falsedad ideológica.* 📖 *Anulação*

Anunciante *m.* Persona o empresa hotelera, agencia de viajes, compañía de transporte, etc., que realiza una acción publicitaria en un medio de comunicación. Gran parte de los anunciantes realizan sus campañas publicitarias a través de las agencias de publicidad. 📖 *Anunciante*

Anuncio *m.* Comunicación impresa, sonora o audiovisual por medio de *spot* en televisión, radio o cine, realizada por una persona física o entidad jurídica con fines informativos, publicitarios o comerciales. El anuncio puede ser completado con mensajes publicitarios impresos en diarios, revistas, etc. 📖 *Anúncio*

Año de vigencia *m.* Período de tiempo en el cual una cosa permanece sin alterar: *Los precios de los alojamientos turísticos permanecerán sin inalteración durante el año de vigencia.* Por año de vigencia se entiende el año natural. Curiosidad: en las Islas Canarias, los 12 meses cuentan desde el 1.º de noviembre hasta el 31 de octubre del siguiente; en las estaciones de alta montaña, el año va desde el 1.º de diciembre al 30 de noviembre. 📖 *Ano de vigência*

Aparador *m.* Mueble donde se guarda el servicio de la mesa: *Por favor, guarden los cubiertos en el aparador.* 📖 *Aparador*

Aparcamiento *m.* Lugar destinado a aparcar o estacionar vehículos. 📖 *Estacionamento*

Aparcar *tr.* Dejar transitoriamente en un lugar público o privado, coches u otros vehículos. 📖 *Estacionar*

Apartado,a 1. *adj.* Retirado, distante. 📖 *Afastado,da.* 2. *m.* Caja con número en la oficina de correos donde se separan y recogen las cartas dirigidas a una persona determinada. 📖 *Caixa postal*

Aperitivo *m.* Bebida que se toma antes de la comida principal, o una comida ligera que precede a la principal. En bares y restaurantes, puede ser un ofrecimiento. 📖 *Aperitivo*

Apertura de documentos *f.* Cumplimentación del encabezado de los diversos documentos, como factura, cárdex, etc., para su posterior uso, en los que se anotan los datos personales del cliente y los conceptos específicos de cada uno de los impresos. 📖 *Abertura de documentos*

Ápex 1. *m.* ASTRON. Punto de la esfera celeste hacia el cual se dirige su movimiento el sistema solar: *ápex solar.* 2. MED. Terminación o ápice de un órgano: Ápex cardiaco; ápex pulmonar. 3. **Tarifa ápex** Tarifa reducida de vuelo, que exige pasar un fin de semana en destino. 📖 *Ápex*

Apio *m.* Planta de la familia de las umbelíferas, de 50 a 60 centímetros de altura, tallo jugoso, grueso y hueco, hojas largas y flores pequeñas y blancas. 📖 *Aipo*

Aprendiz,za *m. y f.* El que aprende un arte u oficio con un maestro: *Él empezó a trabajar como aprendiz de albañil.* Plural: aprendices. 📖 *Aprendiz*

Árbol de decisión *m.* Gráfico en forma de árbol, que se usa para mostrar la resolución de un problema de decisión en la empresa turística. El árbol tiene ramas y nudos; las ramas representan las diferentes decisiones o las situaciones que se presentan y los nudos son el origen de las diferentes decisiones y situaciones. 📖 *Árvore de decisão*

Armario *m.* Mueble con puertas para guardar ropas, libros u otros objetos. 📖 *Armário.* **Armario caliente** *m.* Mueble metálico para calentar platos en un restaurante. 📖 *Estufa.* **Armario de llaves** *m.* Mueble metálico o de madera, donde se guardan las llaves en los alojamientos turísticos. 📖 *Armário de chaves.* **Armario de vinos** *m.* Mueble ubicado en el comedor del restaurante o del hotel con un termostato que regula la temperatura para la conservación de los vinos, o en los estantes donde se apoyan las botellas, con puertas de vidrio para observar el interior. 📖 *Armário de vinhos.* **Armario ropero** 1. *m.* Mueble de madera ubicado en las habitaciones del alojamiento turístico donde se guardan la ropa de los huéspedes, las sábanas, frazadas y otras piezas de uso. 2. Mueble situado en un hotel para uso de las camareras de la sección que almacena la ropa de cama y lencería de las habitaciones. 3. Mueble en el restaurante del hotel, para guardar los abrigos de los clientes. 📖 *Guarda-roupa.* **Armario secador** 1. *m.* Mueble que se utiliza en la lavandería de un hotel para secar la ropa lavada. Se llama también *secadora.* 2. Mueble que se usa en las cocinas o restaurantes de un hotel para secar y preparar alimentos, tales como bacalao, pescados, etc. 📖 *Secador*

Artesanía 1. *f.* Arte producido por artesanos: *Visitamos el mercado de artesanía de Caruaru.* 2. Artesanado, grupo de artesanos. 📖 *Artesanato*

Arveja *f.* Planta hortense de la familia de las papilonáceas, con tallos volubles, hojas compuestas, flores blancas, rojas y azuladas, y fruto en vaina con semillas esféricas. 📖 *Ervilha*

Asador 1. *m.* Parrilla o varas en que se pone al fuego lo que se quiere asar: *Hay que colocar el pollo en el asador.* 📖 *Espeto, grelha.* 2. Aparato que sirve para asar. 3. Restaurante especializado en asado, también llamado parrilla o parrillada: *El Gaucho es el mejor asador de la ciudad.* 📖 *Churrascaria*

Ascensor *m.* Aparato que sirve para subir y bajar personas y objetos de un piso a otro en un edificio. 📖 *Elevador*

Ascensorista *m.* Empleado de un edificio u hotel encargado de la operación de los ascensores. 📖 *Ascensorista*

Asegurador *m.* Aseguradora o agencia de seguros que realiza, en beneficio del tomador, una póliza de seguros turística para el pago de indemnizaciones, cobertura de gastos, asistencia médica, jurídica, repatriación, etc. si ocurre alguno de los hechos especificados en el contrato. 📖 *Seguradora*

Aseo 1. *m.* Limpieza. 2. Cuarto de aseo, área destinada a la higiene personal en los establecimientos hoteleros. Hay dos tipos de aseos: generales y de huéspedes. 📖 *Banheiro*

Asiento *m.* Lugar donde los pasajeros se sientan en los vehículos. 📖 *Assento*

Atar 1. *tr.* Amarrar con ligaduras: *Vamos a atar las valijas en el portaequipajes.* 2. *pron.* Sujetar o ceñirse: *Átate los botines.* 3. *pron.* limitarse a algo concreto: *Los abogados discutieron y se ataron a lo decidido.* 4. Impedir el movimiento: *Vamos a atar al perro.* 5. Relacionar, unir: *Para llegar a una conclusión hay que atar todas las puntas.* 6. **Atar corto a alguien** *loc. col.* Reprimir, controlar: *Su madre siempre lo ató corto.* 📖 *Atar*

Atención al cliente *f.* Trato especial que una empresa turística ofrece a algunos clientes, que generalmente consiste en pequeños obsequios y recuerdos en los cuartos, tales como una cesta de flores o frutas, o algún elemento propio del establecimiento. En algunas ocasiones, según el cliente o por una ocasión especial, como una inauguración u homenaje, se ofrecen atenciones especiales, en forma de un trato exclusivo al cliente, o de un descuento sobre los precios. 📖 *Atendimento ao cliente*

Atletismo *m.* Conjunto de pruebas deportivas, tales como saltos, carreras y lanzamientos. 📖 *Atletismo*

Atractivo turístico *m.* Recurso turístico específico (monumento, paisaje, gastronomía, actividad cultural o deportiva) que es la motivación básica para el movimiento y la demanda turística hacia un lugar. 📖 *Atração turística*

Au pair *voz franc. m. y f.* Trabajo no remunerado que consiste en viajar a otro país para aprender el idioma, alojándose en una casa de familia y realizando trabajos domésticos: *La au pair lleva los niños a la piscina.* 📖 *Babá*

Audiencia *f.* Conjunto de personas que leen la prensa, escuchan la radio y ven televisión o cine. Los que prestan atención a un medio de comunicación o de publicidad. En el caso de la publicidad, es el conjunto de público que nota el correspondiente mensaje. 📖 *Público*

Auditoría 1. *f.* Empleo y actividades del auditor: *El juez exigió una auditoría.* 2. Oficina del auditor. 3. Inspección de la contabilidad de una empresa o institución, realizada por un auditor: *La auditoría sospechó de malversación de fondos.* 📖 *Auditoria*

Autobús *m.* Vehículo de transporte público de gran capacidad destinado al transporte urbano de pasajeros con recorrido fijo: *El autobús estaba muy lleno de gente.* 📖 *Ônibus*

Autocar *m.* autobús u ómnibus de gran capacidad para el transporte interurbano de pasajeros: *Viajaron en autocar por más de 34 horas de Buenos Aires a San Julián.* 📖 *Ônibus interurbano*

Autocaravana *f.* Alojamiento en un vehículo adaptado para poder cocinar y dormir en su interior, remolcado por un coche, y que se usa en viajes o en campamentos. 📖 *Trailer*

Autopista *f.* Ruta especialmente construida para la circulación de vehículos, con peaje. 📖 *Rodovia com pedágio*

Autorización 1. *f.* Acto de autorizar. 2. Permiso, consentimiento, registro escrito de permiso. 3. En los servicios turísticos, trámite administrativo para la apertura de establecimientos y servicios turísticos, según las normas vigentes, antes de empezar su funcionamiento. 📖 *Autorização*

Autoservicio *m.* Sistema de venta usado por algunos restaurantes y bares, en el que los platos quedan al alcance del cliente, que hará su elección, y pagará el precio generalmente por kilo o por plato. También llamado self-service. 📖 *Autosserviço*

Autoestop *m.* Forma de viaje por ruta solicitando el transporte gratis a los automovilistas que transitan, por medio de un gesto con la mano, cuya simbologia y significado es conocido y comprendido por todos los conductores. También conocido como *hacer dedo*, *pedir botella*, *pedir aventón* o *pedir jalón*. 📖 *Carona*

Autovía *f.* Ruta o carretera con calzadas diferentes y separadas para los dos sentidos del tráfico, con entradas y salidas que no cumplen las mismas exigencias de seguridad de las autopistas. 📖 *Estrada*

Auxiliar de vuelo *m. y f.* Personal que atiende a los pasajeros en el avión durante el vuelo, también llamados comisario/a de bordo y azafata (en el caso de ser mujer). 📖 *Comissário(a) de bordo, aeromoça*

Auxilio en carretera *m.* Servicio de socorro prestado por organismos oficiales y empresas de vialidad a los conductores que lo necesiten. 📖 *SOS de estrada*

Ave 1. *f.* ZOOL. Animal vertebrado, ovíparo, con cuerpo cubierto de plumas y con las extremidades superiores transformadas en dos alas que sirven para volar: *Los patos y los cóndores son aves.* 2. **Ave de paso** *f.* Ave migratoria que solo se detiene para descansar y comer: *Las golondrinas son aves de paso y no hacen aquí sus nidos.* Persona que aparece por un período breve en un lugar. 3. **Ave de rapiña** o **rapaz** *f.* Ave carnívora con pico encorvado y uñas muy fuertes y puntiagudas: *El águila es una ave rapaz.* 4. **Ave del paraíso** *f.* Ave exótica de plumas exuberantes. 5. **Ave migratoria** *f.* Ave que cada año hace un largo viaje, en primavera o en otoño, a partir del lugar donde nidifica, y retorna a éste en el otoño o en la primavera siguiente, buscando mejores condiciones climáticas: *Las cigüeñas son aves migratorias.* 📖 *Ave*

AVE (Alta Velocidad Española) *m.* Tren español de alta velocidad, inaugurado en 1992 para la Exposición Universal de Sevilla, Expo 92, para cubrir el trayecto Madrid-Sevilla. 📖 *Trem bala*

Aviación *f.* Transporte aéreo por medio de aparatos más pesados que el aire. 📖 *Aviação.* **Aviación comercial** *f.* Actividad de las empresas de transporte aéreo a través de aviones que transportan pasajeros, equipajes y mercaderías. Existen compañías aéreas públicas y privadas. 📖 *Aviação comercial.* **Aviación deportiva** *f.* Aviación que tiene como objetivo la práctica de deportes como el paracaidismo, el vuelo sin motor, etc. 📖 *Aviação esportiva*

Avión *m.* Aeronave que se mantiene y avanza por el aire por medio de uno o varios motores. 📖 *Avião*

Avioneta *f.* Avión pequeño con un motor de poca potencia, que se usa para viajes cortos de pocas personas. Se utiliza turísticamente para vuelos panorámicos sobre ciudades o espacios naturales de interés especial. Se usa también en tareas agrícolas 📖 *Teco-teco*

Aviso *m.* Noticia que se comunica a alguien. 📖 *Aviso.* **Aviso de llamada** *m.* Pedido de un cliente al hotel por un servicio de mensajes, de despertador o similar. 📖 *Aviso de chamada.* **Aviso de pasajeros** *m.* Comunicación a los clientes de un medio de transporte con información sobre horas de salida, llegada, accesos para el embarque o desembarque, *check-in* de equipajes, situaciones anómalas o cualquier otra circunstancia relativa al servicio que se realiza. Los avisos pueden realizarse de modo oral, personalmente, o por medio de paneles manuales o electrónicos donde, de forma escrita, se transmite la información. 📖 *Aviso ao passageiro.* **Aviso de ubicación** *m.* Tablón de anuncio colocado en sitios visibles para indicar un lugar de interés como un salón de banquetes, congresos, etc., y facilitar el acceso directo a los usuarios. 📖 *Aviso*

Ayudante *m.* Oficial subalterno. 📖 *Auxiliar.* **Ayudante de cocina** *m. y f.* Empleado del departamento de cocina de un hotel o restaurante que trabaja a las órdenes de los cocineros o del jefe de cocina. Puede ser especializado en diferentes tareas de cocina: ayudante de repostero, de cafetero, etc. 📖 *Auxiliar de cozinha.* **Ayudante de comedor** *m. y f.* Empleado del departamento de comedor de un hotel o restaurante que tiene como misión auxiliar a los camareros. Generalmente sirve las bebidas, los postres y pone en las mesas la vajilla, cristalería, cubertería, etc. 📖 *Auxiliar de cozinha.* **Ayudante de conserjería** *m. y f.* Empleado del departamento de conserjería del hotel, que auxilia al conserje o lo sustituye en sus funciones. 📖 *Auxiliar.* **Ayudante de economato y bodega** *m. y f.* Empleado del departamento de economato y bodega de un hotel o restaurante que gestiona los *stocks* almacenados en el departamento, realiza los inventarios, las comandas de compra al mercado, la distribución de los productos a los departamentos que solicitan pedidos, etc. 📖 *Auxiliar.* **Ayudante de pisos** *m. y f.* Empleado de un hotel que auxilia a las camareras de pisos. 📖 *Ajudante.* **Ayudante de recepción** *m. y f.* Empleado de un hotel que auxilia a los recepcionistas. 📖 *Ajudante de recepção.* **Ayudante de vuelo** *m. y f.* Empleado de una compañía aérea que atiende, informa y orienta al pasajero durante el vuelo. 📖 *Ajudante de voo.*

Azafata *f.* Persona que atiende, informa y asiste al cliente en un medio de transporte o lugar de reunión. También llamada ferromoza en los servicios de transporte de tren. 📖 *Comissária de bordo ou aeromoça (nos serviços de voo), recepcionista.* **Azafata de congresos y exposiciones** *f.* Encargada de informar, orientar y auxiliar a los participantes en las actividades de congresos, exposiciones, ferias, etc. 📖 *Recepcionista.* **Azafata de cruceros marítimos, fluviales y lacustre** *f.* Encargada de atender a los pasajeros a bordo del barco. Entre sus funciones están atender, informar y auxiliar a los clientes, chequear su equipaje, acompañar hasta el embarque, etc. 📖 *Recepcionista.* **Azafata de empresa y de medios de comunicación** *f.* Empleada que atiende a los visitantes de la empresa como a los invitados y espectadores en programas de entrevistas con público. 📖 *Recepcionista.* **Azafata de hoteles** *f.* Encargada de realizar tareas de información, relaciones públicas, orientación y acompañamiento de los clientes alojados y pasantes del hotel. 📖 *Recepcionista.* **Azafata de tierra** *f.* Encargada de la atención de los pasajeros en los aeropuertos. Tiene las funciones de chequear los pasajes aéreos, despachar el equipaje y acompañar al cliente hasta el embarque. 📖 *Rodomoça.* **Azafata de vuelo** *f.* Empleada de una compañía aérea, que integra la tripulación de los vuelos comerciales y cumple la función de camarera que atiende y transmite recomendaciones y órdenes del comandante del vuelo. También conocida como aeromoza. 📖 *Aeromoça, comissária de bordo*

B

B *f.* Segunda letra del alfabeto español y primera de las consonantes. Su nombre es *be alta* o *be larga*. El plural es *bes*. 📖 *B*

Balance 1. *m.* Contraste entre el activo y el pasivo para saber el estado de un negocio: *Los auditores quieren ver el balance del año pasado*. 2. Resultado de algo: *El balance de las conversaciones fue poco provechoso*. 📖 *Balanço*

Balneario 1. *m.* Baños públicos o baños medicinales: *El médico le recetó baños en balnearios medicinales*. 2. Edificio con baños medicinales que ofrece hospedaje. 📖 *Balneário*

Baloncesto *m.* También llamado básquet; deporte entre dos equipos de cinco jugadores que tratan de colocar una pelota en la canasta contraria usando solamente las manos. 📖 *Basquete*

Balonmano *m.* Deporte entre dos equipos de siete jugadores que tratan de colocar una pelota en la meta contraria usando solamente las manos. 📖 *Handebol*

Balonvolea *m.* Deporte entre dos equipos de seis jugadores que lanzan la pelota sobre una red, de modo que el contrario no pueda devolverla. 📖 *Vôlei*

Bañera *f.* Sanitario para tomar baños de inmersión. 📖 *Banheira*

Bandeja *f.* Pieza plana, metálica, de plástico o madera, con la que se transportan los platos, cubiertos y vasos. 📖 *Bandeja*

Banderilla 1. *f.* Palo delgado usado en la corrida de toros. 2. *f.* Aperitivo elaborado a base de aceituna, pimiento, pepinillo, anchoa, cebolla, etc., todo ello sujeto con un palillo. 📖 *Espetinho*

Banquete 1. *m.* Comida de gala que se organiza para celebrar algo y a la que acuden muchos invitados. 2. Comida espléndida: *Organizó un gran banquete para la boda*. 📖 *Banquete*

Bar *m.* Establecimiento comercial de categoría única que sirve bebidas, aperitivos, cafés y otros tipos de infusiones que son consumidos en la barra o en las mesas del local. 📖 *Bar*

Barbacoa *f.* Recipiente donde se quema el carbón, con una parrilla en la parte superior, en la que se colocan las carnes para asar. Por extensión, denominación de la carne asada al aire libre, al fuego con carbón vegetal, también llamada parrilla, parrillada o asado. 📖 *Churrasco*

Barco *m.* Construcción de madera, acero u otro material, capaz de flotar en el agua, que se utiliza como transporte y que es movida por diferentes tipos de energía y combustibles. Según su tamaño, capacidad, desplazamiento y servicio (de mercancías o pasajeros) puede tener diferentes denominaciones. 📖 *Barco*

Barman *m.* Empleado en un bar o en una cafetería de hotel, especialista en la preparación de cócteles y otras bebidas. 📖 *Barman*

Barranquismo *m.* Deporte semiacuático que combina la espeleología y el alpinismo. Consiste en descender por una barranca a través de algunos obstáculos naturales. Durante el descenso, y según el grado de dificultad, se sortearán rocas, desfiladeros estrechos, cascadas, bajando por toboganes, escalando y descendiendo paredes verticales por medio del rápel, disfrutando de la naturaleza con la práctica del excursionismo. 📖 *Rapel*

Bateau-mouche *voz franc.* *m.* Término francés que se usa en París para los barcos del servicio de excursión fluvial en la ciudad a través del río Sena. 📖 *Barco*

Batería 1. *f.* Acumulador eléctrico que sirve para dar energía eléctrica a los coches u otras máquinas. 2. Conjunto de piezas de artillería; por extensión, unidad de artillería en posición de disparar. 3. Conjunto de instrumentos musicales de percusión de una banda u orquesta. 📖 *Bateria*

Batidora 1. *f.* Instrumento usado para batir o mezclar. 📖 *Batedeira.* 2. Instrumento de cocina con una pieza que corta al girar, conocido como licuador(a). 📖 *Liquidificador*

Bazar *m.* Término árabe que en castellano designa un comercio de venta al público en el que se venden productos diversos. Almacén, feria, quiosco, tienda. 📖 *Bazar*

Báscula *f.* Balanza para medir pesos grandes, que se colocan sobre un tablero. 📖 *Balança*

Beneficio 1. *m.* Bien que se hace o se recibe. 2. Utilidad, provecho. 3. Cultivo que se da a los campos, plantas, etc. 4. Conjunto de derechos que obtiene un sacerdote de una fundación o capellanía. 5. Acción de beneficiar o dar créditos. 6. Ganancia económica que se obtiene de un negocio, inversión u otra actividad comercial. 7. *DER.* Derecho por ley o cualquier otro motivo. 📖 *Benefício*

Berenjena 1. *f.* Planta de la familia de las solanáceas, de medio metro de altura, con hojas grandes, de color verde, cubiertas de un polvo blanco y con aguijones, flores grandes y moradas. Tiene de 10 a 12 centímetros de largo, cubierta por una cáscara gruesa y morada, y con una pulpa blanca dentro de la cual están las semillas. 2. *f.* Fruto de esta planta. 📖 *Berinjela*

Bidé *m.* Artefacto de baño usado en la higiene íntima. 📖 *Bidê*

Bien turístico *m.* Conjunto de recursos, estructuras y servicios turísticos que se ofrecen según la demanda, y que originan relaciones económicas y comerciales. 📖 *Bem turístico*

Billete 1. *m.* Documento de transporte por tren, avión, ómnibus, etc. en diferentes modalidades, servicios y precios: billete de ida, de ida y vuelta, colectivo, combinado con varios medios de transporte, de días laborales o festivos, familiares, reducido, etc. 📖 *Passagem*. 2. Papel que imprime y emite un banco central y que representa una cantidad de la moneda de un país: *Quisiera cambiar este billete de cien pesos*. 📖 *Nota*. **Billete abierto** *m*. Billete de ida y vuelta, válido para un período de tiempo determinado, sin fecha fija de regreso. Se usa generalmente en aviación. 📖 *Bilhete aberto*. **Billete de andén** *m*. Billete para acceder a los andenes de embarque o desembarque en las estaciones de ferrocarril. 📖 *Bilhete de embarque*

Bimensual *adj*. Que se repite una vez cada dos meses: *Es una revista bimensual*. 📖 *Bimestral*

Bocacalle *f*. Entrada de una calle. 📖 *Entrada de rua*

Bocadillo *m*. Trozo de pan relleno con un alimento generalmente frío y salado: *Comimos dos bocadillos de chorizo*. 📖 *Sanduíche*

Bodega 1. *f*. Espacio inferior de los buques. 📖 *Porão*. 2. Tienda de víveres. 📖 *Mercado*. 3. Lugar en un hotel o restaurante donde se almacenan y clasifican los *stocks* de bebidas: aguas minerales, vinos, etc. 📖 *Adega*

Bol *m*. Recipiente de diversos tamaños en forma de semiesfera sin asas, de vidrio o cerámica. 📖 *Tigela*

Boletín *m*. Periódico, revista o informe de temas específicos: *No vi el boletín de noticias de la noche*. 📖 *Boletim*, *publicação periódica*

Boleto 1. *m*. Billete que permite acceso a un medio de transporte, teatro, cine, etc. 2. Papel o documento que representa el valor de un sorteo: *Compró un boleto de lotería*. 📖 *Bilhete*

Bollería 1. *f*. Conjunto de elementos de repostería elaborados con masa, como bollo, croissant, etc. 2. Establecimiento donde se venden bollos y otros dulces de repostería. 📖 *Doceria*

Bono 1. *m*. Vale para cambiar por dinero o por artículos de consumo; abono que permite disfrutar algún servicio por un período determinado o un número determinado de veces: *Bono de diez viajes*. 2. ECON. Título de deuda emitido comúnmente por un tesoro público o por una empresa: *Bonos del Estado*. 📖 *Bônus*

Boom turístico *m*. Expresión en inglés usada para destacar el repentino aumento del flujo turístico hacia una zona determinada de un país, región o ciudad; lo que aumenta el nivel comercial ante la gran demanda de productos y servicios turísticos. 📖 *Explosão turística*

Botón 1 *m*. Pieza pequeña cosida a la ropa para abrocharla. 📖 *Botão*. 2. **Botón del inodoro** *m*. Válvula que controla la descarga de la cisterna del inodoro. 📖 *Descarga de vaso sanitário*

Botones 1. *m*. Empleado de conserjería de un hotel, cuya misión es entregar mensajes y recados de internos o de los propios clientes en el exterior del hotel. 📖 *Mensageiro*

Botiquín 1. *m*. Mueble portátil o armario para guardar medicinas: *No dejes el botiquín con los remedios al sol*. 2. Conjunto básico de remedios para una asistencia esencial. Lugar donde se aplican los primeros auxilios. 📖 *Caixa de primeiros socorros*

Boutique *f.* Término francés que designa un establecimiento de venta al público especializado en productos y servicios de marca, calidad o diseños especiales. Este tipo de comercio normalmente tiene dimensiones pequeñas. 📖 *Loja.*

Box *f.* Panel de vidrio o madera que divide o aisla un espacio. 📖 *Boxe, divisória*

Break-even point voz INGL. *m.* Denominación inglesa que significa punto de inflexión, umbral de rentabilidad o de equilíbrio. Representa el punto de rentabilidad nula o cero, en el que una empresa no tiene beneficios ni pérdidas. 📖 *Ponto de equilíbrio*

Bucear *intr.* Nadar o mantenerse bajo la superficie del agua. 📖 *Mergulhar*

Buceo *m.* Práctica deportiva que consiste en nadar con todo el cuerpo sumergido en ríos, mares, lagos o lagunas con o sin equipos especiales. 📖 *Mergulho*

Bufé *m.* Servicio de restaurante en el que el cliente se sirve los platos y puede repetir las veces que lo desee. Es muy común en hoteles o en restaurantes, los cuales reducen al mínimo el servicio de camareros. 📖 *Bufê*

Bungalow *m.* Alojamiento turístico, generalmente de una sola planta, que suele construirse en lugares con destino de descanso para su alquiler. Los bungalows pueden formar parte del alojamento en los *campings* y, en ocasiones, son considerados como apartamentos turísticos. 📖 *Bangalô*

Bungee o *bungee jump* voz INGL. *m.* Deporte extremo que consiste en saltar desde una plataforma o grúa hacia el vacío atado con una liga elástica. 📖 *Bungee jumping*

Butaca 1. *f.* Asiento individual, con respaldo inclinado y con brazos: *Nos sentamos en la última butaca del cine.* 2. Asiento del espectador en un teatro, cine, bus o un avión. 📖 *Poltrona*

Buzón *m.* Caja hueca con una abertura donde se dejan o reciben las cartas del correo. 📖 *Caixa de correio*

C

C 1. *f.* Tercera letra del alfabeto español y segunda de las consonantes. Su nombre es *ce.* 2. En la numeración romana, se escribe con mayúscula y significa cien: *MCMXCVI significa 1996 en números romanos.* 📖 *C*

Cabalgada *f.* Marcha larga a lomo de caballo. 📖 *Cavalgada*

Cabina 1. *f.* Cuarto pequeño, generalmente aislado, para diversos usos: Cabina de belleza. 2. Locutorio telefónico de uso individual y, por extensión, teléfono público: *Llamaron desde la cabina de la esquina.* 📖 *Cabine telefônica.* 3. En los cines, sala superior que se reserva a los aparatos de proyección. 4. En diversos medios de transporte, espacio reservado al piloto, al conductor o al personal técnico: *La azafata llevó a la niña a la cabina del comandante*. 5. En instalaciones deportivas, lugar para cambiarse de ropa: *Ayer clausuraron las cabinas de la piscina*. 📖 *Cabine*

Cabotaje 1. *m.* Navegación o tráfico comercial a lo largo de la costa de un país: *Es un barco de cabotaje turístico*. 2. Tráfico marítimo en las costas de un país determinado: *El cabotaje en la Patagonia creció con los cruceros*. 📖 *Cabotagem*

Cadena hotelera *f.* Conjunto de hoteles de una empresa y con la misma dirección. 📖 *Cadeia hoteleira*

Cafetería *f.* Establecimiento comercial que sirve al cliente en la barra (o en el mostrador) o en servicio de mesas platos fríos y calientes, helados, refrescos y bebidas. En España, las cafeterías se clasifican en tres categorías: especial, primera y segunda, cuyos distintivos son, respectivamente, tres, dos y una taza. Según la categoría, las cafeterías deben tener un mínimo de infraestructura, servicios, menú, etc. 📖 *Lanchonete*

Cafetero,ra 1. *adj.* Del café o relativo a él: *Bajó la producción cafetera*. 📖 *Cafeeiro*. 2. *adj. y s.* Persona muy aficionada a tomar café: *La tía es muy cafetera*. 📖 *Cafezista*. 3. *m. y f.* Persona que recoge la cosecha del café o la vende al público: *Todos sus hermanos trabajaban de cafeteros*. 📖 *Cafezeiro*. 4. *f.* Recipiente donde se hace y se sirve café: *Compré una cafetera eléctrica*. 📖 *Cafeteira*. 5. col. Vehículo viejo y destartalado: *El auto de abuelito es una cafetera*. 📖 *Cafeeiro,ra*

Caja fuerte *f.* Caja de acero para guardar valores. 📖 *Cofre*

Caldereta 1. *f.* Guiso de pescado fresco. 2. Guiso típico de pastores con carne de cabrito o cordero. 📖 *Ensopado*. 3. *MAR.* Caldera de vapor para carga y descarga de un buque. 📖 *Caldeira a vapor*

Calefactor,ra 1. *adj.* Que irradia calor. 📖 *Calefaciente*. 2. *m. y f.* Persona que construye, instala o repara aparatos de calefacción: *El calefactor revisó la instalación del cuarto*. 📖 *Instalador de calefação*. 3. *m.* Aparato eléctrico de calefacción. 📖 *Aquecedor*

Calzador *m.* Utensilio acanalado que sirve para ayudar a calzar el zapato. 📖 *Calçadeira*

Calle *f.* Camino urbano que pasa entre dos filas de casas o edificios: *Hace mucho calor en la calle*. 📖 *Rua*

Calzada *f.* Parte de la calle destinada a los vehículos: *El bus perdió la dirección y salió de la calzada*. 📖 *Pista*

Callejón *m.* Calle estrecha entre casas o elevaciones del terreno: *Las habitaciones de atrás son menos aireadas porque dan a un callejón*. 📖 *Beco*

Cama 1. *f.* Mueble para dormir, equipado con colchón, sábanas, frazadas, almohadas, etc. 2. **Cama de matrimonio** o **de dos plazas** *f.* La que tiene espacio para dos personas. La mayoría de las camas de matrimonio miden de 135 a 150 cm. 📖 *Cama de casal.* 3. **Cama elástica** *f.* Superficie de bandas elásticas de goma estiradas sobre una armazón para ejercicios de saltar y rebotar. 📖 *Cama elástica.* 4. **Cama nido** *f.* Conjunto de dos camas en un solo mueble, en el que una se guarda debajo de la outra. 📖 *Bicama.* 5. **Cama turca** *f.* La que no tiene pies ni cabecera: *Duermo en una cama turca plegable.* 📖 *Cama.* 6. **Estar en cama** o **guardar cama** *loc.* Estar enfermo o de reposo: *Después de la operación le recomendaron guardar cama durante diez días.* 📖 *Estar de cama.* 7. **Hacerle la cama a alguien** *loc.* Tenderle una trampa: *Le hicieron la cama en el trabajo y perdió la promoción.*

Camarero, ra 1. *m. y f.* Persona que sirve a los clientes en un bar, cafetería, hotel o restaurante: *El camarero más joven sirve las mejores tapas.* 📖 *Garçom, garçonete.* 2. Persona que limpia las habitaciones en un hotel: *Llama a la camarera si quieres cambiar las sábanas.* 📖 *Camareiro, ra.* 3. *m.* Mueble con ruedas que se usa para llevar objetos entre la cocina y el comedor: *Lleva la camarera a la habitación con los platos y los cubiertos.* 📖 *Carrinho de chá.*

Cambiar *tr.* (algo; en/ por algo). 1. Variar, mudar. 2. Vender o comprar moneda extranjera por su equivalente en dinero nacional: *Necesito cambiar cien euros por dólares.* 📖 *Trocar, cambiar.*

Cambio *m.* Dinero en pequeña cantidad: *Pagó con un billete de 20 para tener cambio y poder tomar el ómnibus que cuesta 5.* 📖 *Troco.*

Cambista *com.* Persona que cambia dinero: *Livia es cambista. Trabaja en una oficina de cambio.* 📖 *Cambista.*

Campamento 1. *m.* Lugar de permanencia temporaria de tropas del ejército, durante el entrenamiento. 2. Lugar al aire libre para acampar y albergue con tiendas de campaña o carpas: *Fuimos a un campamento de verano.* 3. Conjunto de carpas e instalaciones. 📖 *Acampamento.*

Camping 1. *m.* VOZ INGL. Lugar apropiado con instalaciones para acampar al aire libre en tiendas de campaña o carpas: *Hernando veraneó en camping y le salió muy barato.* 2. Acampada en carpas: *En Semana Santa nos fuimos de camping a la sierra.* 📖 *Camping.*

Canilla *f.* Llave que regula el paso del agua u otros líquidos. 📖 *Torneira.*

Capó *m.* Tapa que cubre el motor de un vehículo. 📖 *Capô.*

Cargar 1. *tr.* Poner peso sobre algo o alguien. 2. Embarcar o poner mercaderías en un vehículo de transporte: *Están cargando los vagones con la mercancía.* 3. Poner la carga o combustible que necesita un objeto o un vehículo: *Hay que cargar gasolina antes del viaje.* 4. Anotar en una cuenta, adeudar: *Van a cargarlo en la cuenta de la librería.* 5. Acción de un cuerpo de policía contra una multitud: *En la copa de fútbol hubo manifestaciones y la policía cargó contra ellas.* 6. Tomar o tener obligaciones o cuidados: *Siempre me cargan a mi con todas las tareas más pesadas.* 7. DEP. Chocar con fuerza un jugador contra otro: *El fútbol* *norteamericano tiene momentos en que los jugadores cargan contra el equipo rival.* **8.** Cuando en la atmósfera, se aglomeran y condensan las nubes: *El cielo está muy cargado y promete lluvias.* 📖 *Carregar*

Carne 1. *f.* Parte blanda, principalmente músculos del cuerpo de los animales. **2.** *f.* Carne comestible de vaca, cerdo, carnero, etc. 📖 *Carne*

Carné *m.* Documento de identificación de las personas para disfrutar de algunos servicios o ventajas: *Voy a sacar el carné de estudiante para viajar. Mi abuelo tiene el de la tercera edad, para descuentos en el cine.* 📖 *Carteira de identificação*

Carrera de taxi *f.* Recorrido del coche de alquiler transportando clientes, por el precio que marca el taxímetro. 📖 *Corrida de táxi*

Carretera *f.* Vía pública destinada a la circulación de vehículos. Según su longitud, se clasifica como local, provincial, regional, nacional o internacional. 📖 *Estrada*

Carril 1. *m.* Parte de la carretera por la que van los vehículos en una sola fila: *Esta carretera tiene dos carriles.* 📖 *Pista.* **2.** Barra de acero paralela a outra igual sobre la que van los trenes. 📖 *Trilho*

Carruaje *m.* Vehículo destinado al transporte de cargas o de personas. 📖 *Carruagem*

Carta de platos *f.* Lista de comidas que ofrecen los restaurantes. Menú. Todos los restaurantes están obligados a ofrecer al público la carta de platos, cuya composición deberá estar de acuerdo con la categoría y especialidad que posean. 📖 *Cardápio*

Carta de vinos *f.* Lista de bebidas que ofrecen los restaurantes. La carta de vinos ofrece también aguas minerales, cervezas, refrescos y licores. 📖 *Cardápio de bebidas*

Cartel *m.* Anuncio o aviso en lugar público con fines informativos o publicitarios. 📖 *Cartaz*

Cartelera *f.* Sección de los periódicos donde se anuncian los espectáculos públicos: *En la cartelera muestran una película que quiero ver.* 📖 *Roteiro de espetáculos*

Casa de empeño *f.* Institución bancaria o financiera donde se dejan valores, principalmente joyas, en prenda de un pago futuro de una deuda, o a cambio de un valor en dinero que debe ser devuelto en una fecha combinada y con un interés, para que le sea recuperado el valor empeñado. 📖 *Casa de penhora*

Casillero 1. *m.* Mueble con divisiones para guardar llaves, papeles u otros objetos: *Señora, retire las llaves en el casillero de la recepción.* **2.** Cada una de estas divisiones: *El casillero está lleno de cartas.* **3.** Marcador del puntaje en algunos deportes: *El casillero sigue dos a cero.* 📖 *Escaninho*

Casino de juego 1. *m.* Local donde se practican juegos de azar y a la vez puede asistirse a espectáculos, shows, conciertos y bailes: *Ganó un dinero en el casino.* 2. Club, sociedad de recreo. 📖 *Cassino*

Cata 1. *f.* Degustación de alimentos o bebidas para conocer sus características y sabor: *En las jornadas gastronómicas hubo catas de productos regionales de las montañas.* 2. Porción de alguna cosa que se prueba: *Me dio una cata del melón.* 📖 *Degustação*

Catamarán 1. *m.* Embarcación deportiva a vela o motor con dos cascos alargados unidos por una armazón rígida. 2. Embarcación usada en la India hecha con troncos de diferentes longitudes. 📖 *Catamarã*

Catavinos 1. *m.* Copas para oler y catar el vino. 2. Especie de pipeta que se introduce en los barriles para extraer muestras de vino. 📖 *Taça para degustar vinho*

Categoría 1. *f.* Clase. 2. Cada grupo básico en que se puede incluir o clasificar algo: *Las categorías gramaticales. La categoría de los invertebrados.* 3. Cada jerarquía establecida en una profesión o carrera: *Categoría de economista.* 4. FILOS. En la filosofía aristotélica, las nociones abstractas en que se organiza la realidad: *Las categorías aristotélicas son diez.* 5. *FILOS.* En la filosofía kantiana son las formas del entendimiento: *Cantidad y cualidad son dos de las categorías kantianas.* 6. **De categoría** *loc. adj.* Bueno, importante o valioso: *Es una señora de categoría.* 📖 *Categoria*

Catering *voz* INGL. *m.* Servicio profesional que suministra comida preparada y abastece todo lo necesario para la organización de un banquete o una fiesta. 📖 *Catering*

Cava 1. *m.* Vino espumoso español. El cava catalán es similar al champán francés. 📖 *Vinho espumante.* 2. Dependencia subterránea donde se elabora y conserva ese vino. 📖 *Cava*

Cena *f.* Última comida del día, que se hace al atardecer o por la noche. 📖 *Jantar*

Cenar *intr.* Comer la última comida del día. 📖 *Jantar*

Cenicero 1. *m.* Recipiente para la ceniza y las colillas de los cigarros. 2. Espacio que hay debajo de la rejilla del horno, para recoger las cenizas. 📖 *Cinzeiro*

Cepillo 1. *m.* Instrumento hecho de cerdas distribuidas en una armazón, usado para limpieza. 📖 *Escova.* 2. **Cepillo de dientes** *m.* Instrumento hecho de cerdas para limpiar los dientes. 📖 *Escova de dentes*

Cercanía 1. *m.* Proximidad desde un punto determinado. 📖 *Proximidade.* 2. **Tren de cercanía** *m.* Vehículo de transporte que circula por una región determinada. 📖 *Ônibus circular*

Cereza *f.* Fruto del cerezo. Es una drupa con cabo largo, casi redonda, de unos dos centímetros de diámetro, piel lisa roja y oscura, y pulpa jugosa, dulce y comestible. 📖 *Cereja*

Certamen *m.* Concurso para estimular con premios una actividad creativa. 📖 *Concurso*

Cesionario,ria *m. y f.* Persona que recibe una cesión de alguien. 📖 *Cessionário,a*

Ch *f.* Fonema que tradicionalmente era considerado la cuarta letra del alfabeto español, y la tercera consonante. En este diccionario, siguiendo los nuevos criterios de las Academias de Lengua, se engloba en la letra c, según las normas de alfabetización universal. Su nombre es che. 📖 *ch*

Chalé 1. *m.* Vivienda de una o varias plantas, con jardín. 2. Establecimiento turístico extrahotelero formado por una unidad de viviendas e infraestructuras externas, como jardines, áreas deportivas, etc. 📖 *Chalé*

Champú *m.* Jabón líquido para lavarse el cabello. 📖 *Xampu*

Chárter *m. y adj.* Vuelos no regulares con tarifas reducidas: *Viajaron en un vuelo muy económico en chárter.* 📖 *Voo charter*

Chef VOZ FRANC. COM. Jefe de cocina: *Es el mejor chef de la ciudad.* 📖 *Chefe de cozinha*

Check-in VOZ INGL. 1. *m.* Trámite que se realiza a la llegada del cliente a un hotel. 2. Recepción de documentos y entrega del equipaje previo al embarque aéreo o de otro medio de transporte. 📖 *Check-in*

Check-out VOZ INGL. *m.* Trámite que se efectúa a la salida del cliente de un hotel, con la retirada del equipaje de la habitación y con el pago de la factura por los servicios prestados, etc. 📖 *Check-out*

Cheque 1. *m.* Documento u orden de pago para retirar una cantidad de los fondos que el firmante tiene en su cuenta bancaria: *Faltó dinero en papel y le dimos un cheque por el resto.* 2. **Cheque al portador** *m.* El que se paga contra presentación: *Cuidado. Si pierdes ese cheque al portador lo va a cobrar el que lo encuentre.* 3. **Cheque cruzado** *m.* Cheque cruzado por dos líneas diagonales que solo puede hacerse efectivo por depósito en cuenta corriente del favorecido. 4. **Cheque de viaje** *m.* Cheque a nombre de una persona que se hace efectivo en un banco o con el que se paga en el comercio, hotel, etc.: *En los EEUU se usan mucho los cheques de viaje.* 5. **Cheque en blanco** *m.* El que extiende el expedidor sin señalar la cantidad que cobrará el beneficiado. 6. **Cheque nominativo** *m.* El que lleva el nombre del beneficiario: *Voy a hacerte un cheque nominativo, por seguridad.* 📖 *Cheque*

Ciclismo *m.* Deporte de los aficionados a la bicicleta. 📖 *Ciclismo*. **Ciclismo de montaña** *m.* Actividad deportiva sobre una bicicleta de montaña o bicicleta "Todo Terreno", en suelos montañosos de arena, tierra, barro, aguados, o con obstáculos como huecos, piedras, troncos y ramas, pendientes diversas y caminos sinuosos. 📖 *Mountain bike*

Cinturón de seguridad *m.* Tira que sirve para atar al asiento a los pasajeros en un vehículo o en un avión. 📖 *Cinto de segurança*

Circuito 1. *m.* Camino o recorrido que vuelve al punto de partida: *Circuito turístico.* 2. Lugar dentro de un perímetro. 3. Contorno. 4. Trayecto curvo y cerrado para correr carreras: *Mónaco tiene un famoso circuito de fórmula uno.* 5. **Circuito integrado** *m.* ELECTR. El que tiene sus componentes unidos en una placa de silicio. 📖 *Circuito*

Ciruela *f.* Fruto del ciruelo, variable en forma, color y tamaño según la variedad del árbol que la produce. Agridulce y jugoso. 📖 *Ameixa*

Ciudad 1. *f.* Población concentrada, cuyos habitantes se dedican a actividades comerciales, industriales o de servicios, no agrícolas: *Ciudad metropolitana.* 2. Conjunto de habitantes de estas poblaciones, diferente a los del campo. 3. Conjunto de edificios e instalaciones destinadas a una actividad: *Ciudad universitaria. Ciudad deportiva.* 4. **Ciudad dormitorio** *f.* Habitantes de una población que se desplazan a diario hasta una ciudad cercana y grande para trabajar. 5. **Ciudad jardín** *f.* Conjunto de casas con jardines. 📖 *Cidade*

Clandestinidad *f.* Situación en que se actúa de modo ilegal o secreto: *Los revolucionarios actuaron en la clandestinidad por muchos años.* 📖 *Clandestinidade*

Clase *f.* Categoría que clasifica algo. En los servicios de transporte de pasajeros, condiciona el precio de los billetes y la atención al público. El transporte aéreo distingue las siguientes clases: primera (F), *business, club* o clase intermedia y turista (Y). En los barcos y trenes se distingue entre primera y segunda clase. 📖 *Classe*

Clasificación turística *f.* Normas que adoptan algunos países para dividir en categorías los establecimientos turísticos. Los criterios principales son las instalaciones y servicios, la calidad y comodidad, etc. 📖 *Classificação turística*

Cliente,ta 1. *m. y f.* Para un profesional o una empresa, la persona que usa sus servicios: *Es una clienta antigua de nuestra librería.* 2. Persona que compra siempre o solicita los servicios de un establecimiento: *La municipalidad es nuestro cliente más fiel.* 📖 *Cliente*

Clientela *f.* Colectivo de los clientes de una empresa o de un profesional: *Los centros comerciales ofrecen ventajas grandes a su clientela.* 📖 *Clientela*

Cobertura 1. *f.* Cubierta. 2. ECON. Dinero u otros valores que sirven de garantía en operaciones financieras o comerciales: *Exigen una cobertura para el préstamo.* 3. Extensión geográfica de algunos servicios, como los de telecomunicaciones: *Mi celular acá no tiene cobertura.* 4. Medios técnicos y humanos para cubrir una noticia: *La asunción del presidente exigió una gran cobertura informativa.* 📖 *Cobertura*

Coche-cama *m.* Vagón de tren con compartimentos, cuyos asientos se convierten en camas. 📖 *Vagão-leito*

Cocina 1. *f.* Pieza de la casa en que se preparan las comidas: *Abramos la ventana o la cocina se va a llenar de olor.* 2. Modo de preparar los alimentos según cada región o país: *Adoro la cocina casera catamarqueña.* 📖 *Cozinha*

Cóctel 1. *m.* Bebida hecha con una mezcla de licores a los que se agregan otros ingredientes: *Cóctel de anís.* 2. **Cóctel de mariscos** *m.* Plato con porciones de mariscos con alguna salsa. 📖 *Coquetel*

Coctelera *f.* Recipiente para mezclar los componentes del cóctel: *Tiene que batir la coctelera antes de servirla.* 📖 *Coqueteleira*

Código 1. *m.* Conjunto de leyes de un país: *Código penal, civil.* 2. Conjunto de normas sobre un tema determinado: *Código de tránsito.* 3. Sistema de signos y de reglas para producir y entender mensajes: *Los agentes de seguridad usan un código de señales.* 4. **Código de aviación** *m.* Libro en que se muestran los signos y las reglas de la aviación.

📖 *Código.* 5. **Código de barras** *m.* Serie de líneas y números asociados que distinguen los productos de consumo. 📖 *Código de barras.* 6. **Código postal** *m.* Serie de números que identifican ciudades y sus barrios para facilitar la clasificación del correo. 📖 *Código de endereçamento postal (CEP)*

Coeficiente de ocupación *m.* Relación entre el número de servicios de alojamiento ofrecido y la capacidad total de alojamiento del establecimiento, en una unidad de tiempo. El coeficiente muestra el aprovechamiento potencial del hotel. 📖 *Coeficiente de ocupação*

Cofre *m.* Caja fuerte de metal, con tapa y cerradura o con una clave para guardar objetos valiosos. 📖 *Cofre*

Colador *m.* Utensilio de cocina con una red muy fina y un mango, para limpiar un líquido y separarlo de las partes sólidas: *Para preparar el café, hay que usar el colador.* 📖 *Coador*

Colchón *m.* Pieza rellena de lana, pluma, espuma u otro material blando y elástico, para dormir. 📖 *Colchão*

Cólera 1. *m.* Enfermedad epidémica e infecciosa. Produce vómitos, calambres y diarreas. Es común en países tropicales, y se contrae a través de los alimentos y de las bebidas infectadas. 📖 *Cólera*. 2. *f.* Ira, enojo. 📖 *Cólera, nervosismo*

Colonia de verano *f.* Residencia de vacaciones en la que se practican actividades extraescolares y de diversiones, organizadas por instituciones destinadas a niños y jóvenes, relacionadas con la cultura, el deporte y la diversión al aire libre, en carpas de campaña o en casas de campo, etc. 📖 *Colônia de férias*

Comanda *f.* AMÉR. Cuenta o factura del restaurante. 📖 *Comanda*

Comandante,ta 1. *m.* y *f.* Jefe militar entre capitán y teniente coronel. 2. Militar de mando en situaciones determinadas, aun sin tener el grado. 3. Piloto de un avión: *El comandante informó a los pasajeros sobre el problema.* 4. *f.* Nave del comandante de una escuadra o flota. 📖 *Comandante*

Comedor 1. *m.* Sala destinada a las comidas. 2. Conjunto de mesas y sillas de esa sala: *Comedor de roble.* 3. Lugar donde se sirven comidas: *Inauguró un comedor público.* 📖 *Refeitório*

Comensal 1. Cada una de las personas que comen en una misma mesa: *En Año Nuevo tendremos quince comensales en la cena.* 2. BIOL. Ser que vive a costa de otro, sin causarle perjuicios. 📖 *Comensal*

Comida 1. *f.* Conjunto de alimentos que se sirven a la mesa. 📖 *Comida*. 2. En España, sinónimo de almuerzo. Alimento que se come a mediodía o a primeras horas de la tarde: *Servimos la comida a las dos.* 📖 *Almoço*. 3. Reunión para celebrar algo en la que se come: *Cuando se recibió de médico, le ofrecimos una comida.* 📖 *Comida*

Comisión 1. *f.* Orden que se da por escrito para ejecutar un encargo. 2. Encargo. 3. Conjunto de personas encargadas de resolver un asunto: *La comisión bilateral de ministros está en reunión.* 4. Porcentaje que un vendedor cobra sobre las ventas: *La tienda ofrecía hasta 3% de comisión.* 📖 *Comissão*

Compañía 1. *f.* Unión o cercanía entre personas o cosas: *¿Te puedo hacer compañía un rato?.* 2. MIL. Unidad de infantería, menor que una división, comandada por un capitán. 📖 *Companhia*. 3. **Compañía de Jesús** *f.* Orden religiosa católica fundada por San Ignacio de Loyola cuyos miembros son jesuitas. 📖 *Companhia de Jesus* 4. **Compañía de autobús** *f.* Compañía de vehículos de transporte público de gran capacidad destinados al transporte urbano de pasajeros en un recorrido fijo: *Telefonea a la compañía de autobús para reservar los pasajes.* 📖 *Companhia de ônibus.* 5. **Compañía de ferrocarril** *f.* Conjunto formado por vías, trenes e instalaciones propias de este transporte. 📖 *Companhia de transporte ferroviário.* 6. **Compañías marítimas y fluviales** *f.* Empresas comerciales públicas o privadas de servicio de transportes de pasajeros y mercaderías por mar, ríos, canales y lagos. 📖 *Companhia marítima e fluvial*

Conferencia 1. *f.* Disertación pública sobre algún tema científico, técnico o cultural: *Dimos una conferencia sobre el cuento latinoamericano.* 📖 *Palestra.* 2. Reunión de delegados de gobiernos o de estados para discutir temas internacionales. 3. Comunicación telefónica interurbana o internacional. 📖 *Conferência*

Confirmación 1. *f.* Corroboración o aseveración de lo que se suponía cierto o real. 2. Prueba de la verdad y certeza de un hecho: *Llegó la confirmación de la multa*. 📖 *Confirmação*

Congreso 1. *m.* Reunión periódica para deliberar sobre algun tema o asunto previamente establecido: *El V Congreso de Literatura Española será en marzo*. 2. Edificio donde los diputados y senadores cumplen sus actividades. 3. En algunos países, asamblea legislativa, formada por una o dos cámaras. 4. Edificio donde se reúne esta asamblea. 📖 *Congresso*

Consejería 1. *f.* Departamento del gobierno de las comunidades autónomas en España: *Pídelo en la consejería de Sanidad*. 2. Lugar u oficina donde funciona un consejo administrativo: *La consejería queda en la Plaza Central*. 📖 *Escritório, departamento*

Consejo regulador *m.* Organismo que regula, registra y controla las denominaciones de origen de algunos productos, como quesos, vinos, etc. 📖 *Conselho regulador*

Conserje 1. *m. y f.* Persona que cuida, limpia y guarda las llaves de un edificio público. 📖 *Zelador,ra.*

Consejo de Europa *m.* Organización regional con 34 países miembros que aceptan el respeto de los derechos humanos y de las libertades democráticas. Tiene como objetivo la defensa de la conciencia de Europa, velando por los derechos humanos, libertades de expresión y de información, problemas sociales y económicos, educación y cultura, juventud, salud pública, seguridad, medio ambiente, planificación regional y cooperación jurídica. Tiene sede en Estrasburgo. 📖 *Conselho da Europa*

Conserjería *f.* En un hotel o similar es el departamento que da información externa y auxilia al huésped, que tramita las fichas, hace el control de clientes, distribución de equipajes, entrega de llaves de las habitaciones, acompaña a los clientes a sus habitaciones, distribuye la correspondencia, los mensajes, etc. También consigna el equipaje, hace reservas de los servicios de visitas a la ciudad, alquiler de autos, etc. Trabajan en este departamento: jefe de conserjería, conserjes, ayudantes de conserjes, botones, vigilantes nocturnos, porteros, mozos de equipaje, ascensoristas y ordenanzas. 📖 *Zeladoria*

Consumo turístico *m.* Suma monetaria relativa a los gastos por la demanda turística sobre los bienes y servicios, o sea, los gastos producidos por los turistas en su actividad turística. Por las características del sector, el consumo turístico equivale al volumen de productos y servicios consumidos: número de pernoctaciones, de comidas consumidas, trayectos de viaje, etc. 📖 *Consumo turístico*

Contratante *m. y f.* Persona física o jurídica que compra un viaje combinado. 📖 *Contratante principal*

Contrato 1. *m.* Acuerdo establecido; pacto oral o escrito entre partes que se obligan sobre una materia determinada: *Firmamos un contrato de servicios*. 2. Documento que lo acredita: *Hoy vamos* a registrar el contrato ante un escribano. 📖 *Contrato.* 3. **Contrato de arrendamiento** *m.* Acuerdo establecido sobre bienes, obras o servicios, en que una de las partes se obliga a dar a la otra el uso o disfrute de un inmueble o mueble turístico por un tiempo y por un precio convencionado. El arrendamiento de obras o de servicios ocurre cuando una de las partes se compromete a ejecutar una obra o a prestar a la otra un servicio por un precio establecido. En el turismo también ocurre arrendamiento de bienes y de servicios. 📖 *Contrato de arrendamento.* 4. **Contrato de contingente** *m.* Convenio por el cual los hoteles, los alojamientos turísticos en general y las agencias de viajes fijan o reservan lotes de habitación y servicios por períodos determinados de tiempo. Es un contrato formal que se expresa por escrito, detallando con claridad las partes contratantes, las fechas y los servicios, las respectivas empresas y el lugar donde se firma el contrato. 📖 *Contrato de contingente.* 5. **Contrato de grupo** *m.* Acuerdo por el que un hotel o un alojamiento turístico y la agencia de viajes reservan para más de 10 personas. 📖 *Contrato de grupo.* 6. **Contrato de hospedaje** *m.* Acuerdo por el que un hotelero se obliga a prestar a un viajero, huésped, turista, etc. alojamiento, con o sin alimentación por un precio. El objeto del contrato puede ser de simple alojamiento y sus servicios extras (como piscina, academias de gimnasia, uso de internet, fax, etc.) o también de hospedaje completo, incluyendo la pensión alimenticia. 📖 *Contrato de hospedagem.* 7. **Contrato individual** 1. *m.* Convenio por el cual los hoteles o los alojamientos turísticos en general y las agencias de viajes reservan para una persona. 2. Modalidad de contrato de arrendamiento por el cual el arrendador propietario de bienes (como terreno, edificio, maquinaria, mobiliario, etc.) cede al arrendatario el uso y explotación de los mismos por un período determinado, a cambio del pago de un valor estipulado. Finalizado el contrato, el arrendatario puede comprar los bienes, a través de un contrato de *leasing*. 📖 *Contrato.* 8. **Contrato de seguro turístico** *m.* El contrato por el que la aseguradora cobra una prima y se obliga a indemnizar, dentro de los límites pactados, en el caso de que se produzca el evento cuyo riesgo es objeto de cobertura (como enfermedad o accidente del viajero, robo o pérdida de equipajes, etc.) el daño producido al asegurado. También puede el contrato cubrir un capital o una renta, en caso de accidente, invalidez o muerte del viajero. El documento que formaliza el contrato de seguro se llama póliza. 📖 *Contrato de seguro turístico.* 9. **Contrato de transporte aéreo** *m.* Contrato que obliga a la empresa de transporte aéreo a trasladar de un lugar a otro por aire, al viajero y su equipaje, por un precio establecido. 📖 *Contrato de transporte aéreo.* 10. **Contrato de viaje** *m.* Pacto o convenio oral o escrito entre una empresa turística prestadora de servicios y el cliente, por el que se obligan sobre servicios de viajes y a cuyo cumplimiento la agencia de viajes, hotel o transportista, se compromete. 📖 *Contrato de viagem*

Control remoto *m.* Dispositivo que permite a distancia el funcionamiento de un aparato, mecanismo o sistema. 📖 *Controle remoto*

Convención 1. *f.* Norma admitida por corresponderse con precedentes o con la tradición: *El modo de saludar es una convención cultural*. 2. Acuerdo, convenio: *Pocos países firmaron la convención internacional*. 3. Asamblea de representantes de una nación, un partido político o sector profesional: *Habrá una gran convención de veterinarios*. 📖 *Convenção*

Copa 1. *f.* Vaso con pie: *Me regalaron un juego de 12 copas de vino*. 2. **DEP.** Premio en competiciones deportivas: *Brasil ganó cinco copas del mundial de fútbol*. 📖 *Taça*. 3. **DEP.** Competición deportiva: *Quedamos finalistas en la Copa del Mundo*. 📖 *Copa*. 4. Carta del palo de copas de los naipes: *Me queda una copa en la mano*. 5. *f. pl.* Uno de los cuatro palos de la baraja española: *Los palos de la baraja española son: bastos, oros, espadas y copas*. 📖 *Copas (naipe de baralho)*

Correo de turismo *m.* Informador turístico que presta servicios de orientación e información en lenguas extranjeras y asiste a los turistas, cualquiera que sea su nacionalidad, acompañándolos por todo el territótio nacional. 📖 *Intérprete*

Corriente turística *f.* Movimiento de turistas por tierra, mar o aire, que lleva a los viajeros de un punto a otro, fuera del lugar habitual de domicilio. También se lo llama flujo turístico. 📖 *Corrente turística*

Costurero,a 1. *m. y f.* Persona cuyo oficio es coser, o confeccionar, cortando y cosiendo ropas o prendas de vestir. 2. Persona que cose en la sastrería. 3. Empleado de lavandería y lencería de un hotel encargado de las costuras de lencería y de la ropa en general. 📖 *Costureiro,ra*

Couchette VOZ FRANC. *f.* Término francés que se usa para el servicio de coche-cama en un tren. 📖 *Liteira*

Corona 1. *f.* Aro de metal precioso que se pone en la cabeza como premio, adorno, honorífico o símbolo de dignidad: *La exhibición de las joyas del rey incluye una corona de diamantes*. 2. Conjunto de flores y hojas en forma de aro: *Enviaron una corona de flores para el velorio del director*. 3. ASTRON. Anillo de colores que a veces rodea al sol o a la luna: *La corona solar se observa cuando hay eclipse total de sol*. 4. Aureola de las imágenes de santos: *Los cuadros de santos católicos los muestran siempre con coronas*. 5. Superficie entre dos circunferencias concéntricas. 6. Reino o monarquía: *América Latina fue colonizada por las coronas española y portuguesa*. 📖 *Coroa*

Crédito 1. *m.* Préstamo de un banco a una persona o entidad que debe garantizar previamente su devolución y pago de intereses: *Pidieron un crédito para pagar el curso*. 2. Confianza que una persona ofrece de que honrará los compromisos que contrata: *Es una profesional de gran crédito*. 3. En los cursos universitarios, unidad de valoración de una materia: *Necesito treinta créditos para terminar el curso*. 4. *m. pl.* Conjunto de nombres que colaboran en la creación de un libro; datos relativos a su publicación, que aparecen al empezar el libro: *Esta es la página de créditos*. 5. **A crédito** *loc. adv.* A plazos, opuesto a pago al contado: *Compramos una televisión a crédito*. 📖 *Crédito*. 6. **Crédito turístico** *m.* Instrumento de política turística de oferta diferenciada, dirigida a las zonas de potencial turístico, pero poco desarrollado para promover ofertas complementarias, conservando el patrimonio histórico artístico y el medio ambiente. 📖 *Crédito turístico*. 7. **Crédito de viaje** *m.* Crédito financiero que sirve para pagar un viaje a plazos a una agencia, con un recargo, a través de un crédito bancario que financia el viaje; posteriormente, el importe se devuelve con un interés. 📖 *Crédito de viagem*

Cristalería 1. *f.* Establecimiento que fabrica o vende objetos de cristal o vidrio. 2. Conjunto de piezas de cristal o vidrio de una vajilla: *Le regalaron una cristalería muy fina*. 📖 *Cristaleira*

Crucero 1. *m.* Viaje por mar que recurre un itinerario turístico: *Hicieron un crucero corto por el Caribe*. 2. Espacio donde se cruzan la nave mayor de una iglesia y la que la atraviesa: *La tumba del navegante queda en el crucero de la catedral*. 3. Cruz de piedra que se coloca en el cruce de los caminos y en los atrios. 📖 *Cruzeiro*

Cubertería *f.* Conjunto de cubiertos y utensilios que forman parte de un juego para servicio de mesa: *Sirvieron la cena en una cubertería de plata*. También llamado de cubiertos. 📖 *Faqueiro*

Cubierto,ta 1. *p. p. irreg.* de cubrir. 2. *m.* Juego de cuchara, tenedor, cuchillo y utensilios para comer: *Nos regalaron unos cubiertos de alpaca bellísimos*. 3. Servicio de mesa de cada uno de los comensales. 📖 *Talher*. 4. Comida que se ofrece en los restaurantes por un precio fijo. 📖 *Prato feito*. 5. *f.* Lo que tapa o cubre algo: *Tapa el lavarropa con la cubierta*. 6. *f.* En los vehículos, banda de goma que protege exteriormente la cámara de los neumáticos. 📖 *Capa*. 7. Piso de una embarcación, especialmente el superior: *Los premios van a ser entregados en la cubierta principal*. 📖 *Cobertura*

Cuchara *f.* Utensilio con una pieza cóncava y un mango, que se usa para llevar a la boca alimentos líquidos o muy blandos: *Pondrás la cuchara a la derecha del plato*. 📖 *Colher*

Cuchillo 1. *m.* Instrumento con una hoja de acero y un solo corte, con mango: *A la derecha, el cuchillo de la carne*. 📖 *Faca*. 2. Agregado triangular para aumentar una prenda o un vestido: *Va a coserle unos cuchillos a la falda*. 3. ARQ. Conjunto de piezas de madera o hierro que sostienen la cubierta de un edificio.

Cuna 1. *f.* Cama pequeña para niños, con barandas laterales: *Les regalaron una cuna doble para los mellizos*. 2. Patria o lugar de nacimiento: *Montevideo y Buenos Aires son la cuna del tango*. 3. Estirpe, linaje: *Gardel nació en cuna humilde*. 📖 *Berço*

Cupo *m.* Cuota, parte designada o repartida de un impuesto, préstamo o servicio: *El cupo de inscripciones estaba bien repartido*. 📖 *Cota*

Cupón *m.* Parte que se retira de un aviso, una invitación o un bono y que da derecho a participar en concursos, sorteos o a descuentos en las compras: *Con 20 cupones te llevas un disco*. 📖 *Cupom*

D

D *f.* Cuarta letra del alfabeto español y tercera de las consonantes. Su nombre es de y el plural des. En la numeración romana, representa el número quinientos: *MDXXI es 1521 en números romanos*. 📖 *D*

Declaración de aduana *f.* Acción por la que se manifiesta ante las aduanas de las fronteras las pertenencias de equipajes, mercaderías y artículos que el viajero lleva, siempre que exijan control fiscal y el pago de impuestos u otros gravámenes, según las leyes del país de llegada. 📖 *Declaração alfandegária*

Degustar *tr.* Probar un alimento o una bebida para examinar su sabor: *Fueron a degustar unos quesos*. 📖 *Degustar*

Delantal *m.* Prenda que se ata a la cintura y tapa la parte delantera para evitar mancharse: *Marta se puso el delantal y lavó los platos*. 📖 *Avental*

Demanda 1. *f.* Súplica, pedido, solicitud. 2. Pregunta búsqueda, exigencia de algo, empeño o defensa. 3. COM. Pedido, encargo. 4. Limosna para una iglesia. 5. Pedido que el litigante en un proceso formula en juicio. Escrito en juicio de una acción ante un juez o tribunal. 6. ECON. Cuantía global de las compras de bienes y servicios realizados por una colectividad. 📖 *Demanda*. 7. **Demanda turística** *f.* Término económico que refleja la tendencia a la compra de un bien o servicio según su precio. La demanda turística indica el gasto agregado al sumar los consumos individuales realizados en sus actividades. Sin embargo, la utilización de expresiones como "demanda de bienes y servicios turísticos" no resulta muy adecuada, pues es difícil hallar bienes con un uso exclusivo en este tipo de actividades. 📖 *Demanda turística*

Dentrífico *m. adj.* Sustancia usada para la higiene de los dientes. 📖 *Dentifrício, creme dental, pasta de dentes*

Departamento 1. *m.* Parte en que se divide un territorio, un edificio o una empresa. 📖 *Departamento*. **Departamento comercial** *m.* departamento de una empresa turística encargado de la promoción y venta de productos y servicios turísticos, a través de técnicas de mercado, publicidad y relaciones públicas. 📖 *Departamento comercial.* **Departamento de compras** *m.* Departamento de una empresa que realiza la compra de bienes de uso, como equipamientos, materiales, provisiones, artículos de oficina, limpieza, mantenimiento, etc. 📖 *Departamento de compras.* **Departamento de grupos** *m.* Sección de una agencia de viajes que organiza, reserva, vende y comercializa viajes de grupos organizados. 📖 *Departamento de grupos.* 2. *m.* Apartamento o piso de tamaño reduzido com 2 o 3 ambientes, en un edificio compartido con viviendas similares. 📖 *Apartamento*

Dependiente 1. *adj.* Que depende de algo o alguien. 📖 *Dependente.* 2. *m.* Empleado que atiende a los clientes en una tienda. El femenino es dependienta. 📖 *Atendente.* 3. *m. y f.* Persona que sirve a outra o es subalterna de una autoridad. 📖 *Empregado,da; subordinado,da*

Depósito 1. *m.* Acción de depositar. 2. Cosa depositada. 3. Lugar o recipiente donde se deposita. 4. Sedimento de un líquido. 5. Contrato por el que un depositario se compromete a guardar algo por encargo de otro, el depositante. Se considera depósito, en agencias de viaje, el cobro al cliente de un valor en garantia de su pedido de reserva. 📖 *Depósito.* 6. **Depósito irregular** *m.* Porcentaje que pueden exigir las agencias de viajes sobre el costo de los servicios prestados al ser contratadas por el cliente, y que no puede ser más que el 40% del monto total previsto. El importe será descontado del precio total, quedando el cliente obligado sólo al pago de la diferencia desde el momento en que se cierre el contrato. 📖 *Depósito irregular*

Derecho *m.* Ciencia que estudia las leyes y su aplicación. 📖 *Disciplina de nível superior que estuda as leis, Direito.* **Derecho financiero y tributario** *m.* Parte del derecho público que ordena jurídicamente la actividad del estado y sus entidades públicas, dirigida a obtener y administrar los recursos económicos o tributos necesarios para su cumplimiento. La actividad turística está subordinada a esas normas financieras y tributarias. 📖 *Direito tributário e financeiro.* **Derecho internacional** *m.* Conjunto de leyes y disposiciones legales que regulan las relaciones entre países soberanos y sus ciudadanos, en el ámbito público y en el privado. En el turismo, el Derecho internacional regula la emisión de pasaportes y visados, o la aplicación de acuerdos y convenios de cooperación turística entre estados. 📖 *Direito internacional.* **Derecho laboral turístico** *m.* Parte del derecho laboral que estudia el orden jurídico de trabajo asalariado en el sector turístico. 📖 *Direito turístico do trabalho.* **Derecho mercantil** *m.* Conjunto de normas que regulan los actos de comercio y las actividades de los comerciantes, cuando éstos actúan como tales. 📖 *Direito mercantil.* **Derecho de navegación** *m.* Conjunto de normas que regulan la navegación marítima y aérea. Existen dos ramas: derecho marítimo y derecho aéreo. 📖 *Direito de navegação*

Desarrollo 1. *m.* Acción y resultado de crecer o progresar. 2. ECON. Evolución progresiva de la economía hacia niveles más altos de vida. 3. Acrecentamiento, adelanto, perfeccionamiento, aumento, exposición, incremento, explicación, avance, mejora, progreso, crecimiento. 📖 *Desenvolvimento*

Desayuno *m.* Alimento de la mañana. En los hoteles o restaurantes, existen varios tipos: americano, continental, inglés, a la carta, etc. 📖 *Café da manhã*. **Desayuno continental** *m.* Alimento ligero que se toma por la mañana compuesto por café o té, chocolate, leche, tostadas o pan tostado, manteca, mermelada y jugo de frutas. 📖 *Café da manhã*. **Desayuno inglés** *m.* Comprende un jugo de frutas y cereales servidos con leche y azúcar, huevos con tocino, pan tostado con manteca y mermelada, todo acompañado de café o té. 📖 *Café da manhã estilo inglés*

Descenso de ríos *m.* Deporte y recreación que consiste en recorrer el cauce de ríos en la dirección de la corriente sobre una embarcación: balsa, canoa o kayak, que pueden ser rígidos o inflables. Esta actividad se llama en inglés *rafting*. 📖 *Canoagem*

Descuartizar *tr.* Partir, seccionar, cortar, trocear, dividir, despedazar. 📖 *Esquartejar*

Descuento *m.* Rebaja o disminución del precio de un producto o servicio; promoción. 📖 *Desconto*

Destartalado,da *adj.* Descuidado, estropeado, descompuesto, desproporcionado, sin orden. 📖 *Desajeitado,da*

Devaluación *f.* Rebajamiento, desvalorización, disminución del precio de una moneda o de un objeto. 📖 *Desvalorização*

Despacho 1. *m.* Habitación destinada a despachar o resolver negocios. 📖 *Escritório*. 2. Local donde se venden mercaderías. 📖 *Loja*

Destino turístico *m.* Núcleo receptor del flujo turístico, con ofertas y recursos que le dan atractivos para la demanda turística. 📖 *Destino turístico*

Detallista 1. *adj.* Amante del detalle, minucioso, meticuloso. 📖 *Detalhista*. 2. COM. Comerciante que vende al por menor. 📖 *Varejista*. 3. *m.* Persona física o jurídica que vende un viaje propuesto por una agencia de viajes. 📖 *Revendedor*

Dinámica de grupo *f.* Conjunto de acciones, cambios y movimientos que actúan sobre un grupo de personas y que les conduce a un comportamiento determinado, según el grado de aceptación y rechazo entre los participantes. 📖 *Dinâmica de grupo*

Dinero *m.* Bien económico que se usa como medio de pago para facilitar la compra y venta de bienes y servicios, como unidad de cuentas o de medidas, para comparar precios entre los diferentes bienes y servicios con una unidad común y como depósito de valor, pudiendo ser ahorrado para su uso en el futuro. 📖 *Dinheiro*

Diplomático,ca *m. y f.* Funcionario de un estado destinado a los servicios centrales o del exterior del Ministerio de Asuntos Exteriores (embajadas, consulados y organismos internacionales), cuya misión es la negociación o la asistencia a los ciudadanos nacionales cuando residan o viajen al extranjero (emisión de pasaportes, visas, etc). 📖 *Diplomata*

Diplomatura de turismo *f.* Título universitario de grado medio, correspondiente a la carrera de turismo impartida en escuelas universitarias autorizadas. En España, por ejemplo, los estudios de turismo sustituyen la carrera de Técnico en Empresas y Actividades Turísticas. 📖 *Formação em turismo*

Disciplina turística *f.* Conjunto de normas que se proponen regular la actuación inspectora, tipificar las infracciones y sanciones, y establecer procedimientos en materia de turismo. 📖 *Disciplina turística*

Disentería *f.* Enfermedad infecciosa con síntomas característicos como diarrea y deshidratación. 📖 *Disenteria*

Discoteca 1. *f.* Establecimiento donde se escucha música, se baila y consume aperitivos. 2. Conjunto de discos. 📖 *Discoteca*

Distintivo *m.* Insignia o señal que distingue la categoría o el tipo de un servicio. En establecimientos turísticos, por ejemplo, la H de hotel o las estrellas para indicar su categoría. 📖 *Diferencial*

Divisa *f.* Medio de pago en moneda extranjera. Medio de pago de aceptación generalizada en las transacciones internacionales, en cuyo caso lleva el nombre de divisa convertible. 📖 *Divisa*

Ducha *f.* 1. Chorro de agua que cae con fuerza sobre el cuerpo en forma de lluvia, para relajar o higienizarse. 2. Aparato que sirve para ducharse. 📖 *Ducha, chuveiro*

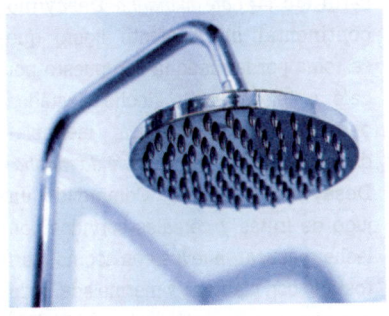

Durazno *m.* Fruto del duraznero, también llamado melocotón. 📖 *Pêssego*

Documentación *f.* Conjunto de documentos y papeles que dan prueba, por ejemplo, de la identidad de una persona. 📖 *Documentação.*

E

E 1. *f.* Quinta letra del abecedario español y segunda de las vocales. En plural su nombre será *es*. 2. *conj.* Se usa en vez de la *y*, para evitar el hiato antes de palabras que empiezan con *i* o *hi*: *José e Irene. Lo estudiamos en geografía e historia.* 📖 *E*

Ebanista *com.* Persona que trabaja maderas finas y construye muebles: *Compramos una mesa al ebanista.* 📖 *Marceneiro*

Ecología *f.* Ciencia que estudia las relaciones de los seres vivos entre sí y con el medio en que conviven. Rama de la sociología que estudia las relaciones entre los grupos humanos y su entorno físico y social. 📖 *Ecologia*

Economato 1. *m.* Establecimiento en el que se pueden adquirir mercaderías a precio más bajo que en las tiendas comunes. 2. Cargo de um ecónomo. 3. Área de jurisdicción de un ecónomo. 📖 *Varejão, armazém que vende a preços baixos*

Economato y bodega *m.* Departamento de un hotel o restaurante que almacena, clasifica y distribuye los alimentos y las bebidas para los departamentos que los solicitan. 📖 *Departamento de bebidas*

Ecoturismo *m.* Conjunto de actividades turísticas que ofrece un contacto con la naturaleza. Es una forma de turismo sostenible. El turista practica este tipo de turismo con conciencia ambiental y social. 📖 *Turismo ecológico, ecoturismo*

Embajada *f.* Sede de la representación del gobierno de un país en otro extranjero: *Buscamos informaciones en la embajada brasileña en Buenos Aires.* 📖 *Embaixada*

Emisor,ra 1. *m. y f.* Que emite algo: *No conozco esa emisora de radio.* 2. *m.* En turismo se llama así al país o mercado de donde sale una corriente turística hacia un destino que es receptivo de dicho flujo turístico: *Japón es un gran emisor de turismo hacia todos los países del mundo.* 3. Agente turístico o de viajes que capta en origen a los viajeros y los dirige hacia el destino. 📖 *Emissor,ra*

Emplatar *tr.* Colocar los alimentos ya preparados en el plato o bandeja donde serán servidos con su correspondiente guarnición. 📖 *Fazer o prato*

Empleo 1. *m.* Trabajo, ocupación, oficio: *Empezó en un empleo como consejero.* 2. Uso, manejo: *Tiene un modo de empleo que desconozco.* El turismo genera dos tipos de empleo, los directamente relacionados con la actividad turística y los indirectamente relacionados con el turismo. 📖 *Emprego*

Empresa 1. *f.* Organización creada por el capital para el trabajo, con fines lucrativos para la producción en actividades industriales, de comercio o de prestación de servicios: *Trabaja en una empresa vitivinícola.* Sector o conjunto de estas organizaciones: *La empresa del agro está muy concentrada.* 📖 *Empresa.* 2. Actividad o campaña que resulta ardua y dificultosa: *Empezó la dura empresa de levantar patrocinios.* 📖 *Campaña*

Endoso *m.* Cesión de un documento de crédito a favor de alguien: *Firma al dorso del cheque para el endoso.* 📖 *Endosso*

Enfermedad 1. *f.* Alteración anormal de la salud. 2. Alteración que afecta al funcionamiento normal de una institución, grupo o colectividad: *La desocupación es una enfermedad social.* 3. **Enfermedad carencial** *f.* La provocada por la falta de vitaminas en la alimentación. 4. **Enfermedad de la piedra** *f.* Alteración por agentes ambientales químicos o biológicos de las piedras que

forman las obras arquitectónicas o esculturas: *La enfermedad de la piedra atacó gran parte de las catedrales europeas.*
5. **Enfermedad profesional** *f.* La que es resultado de un trabajo específico: *La silicosis es una enfermedad profesional de los mineros.* 📖 *Doença*

Enfermedades tropicales *f. pl.* Alteraciones graves de la salud, contraídas en zonas tropicales, por el clima, la sanidad deficiente y el contagio de virus transmitidos por insectos u otros pequeños animales. Las más comunes son la fiebre amarilla, el paludismo o malaria, la fiebre tifoidea, el cólera, etc.
📖 *Doenças tropicais*

Enología *f.* Disciplina que estudia los vinos, su conservación y mejoras. La enología, como la gastronomía, es um atractivo para los turistas en los lugares geográficos donde se cultivan y producen los vinos de denominación de origen. 📖 *Enologia*

Enólogo, ga *m. y f.* Especialista en el conocimiento, elaboración y producción de vinos. 📖 *Enólogo, ga*

Enómetro *m.* Instrumento usado para medir la graduación alcohólica de los vinos. 📖 *Enômetro*

Ensalada *f.* Composición de hortalizas crudas o cocidas, condimentada con aceite, sal, vinagre u otras salsas. 📖 *Salada*

Ensaladera *f.* Fuente honda usada para preparar y servir ensaladas. 📖 *Saladeira*

Entrada 1. *f.* Espacio por donde se entra a un lugar. 📖 *Entrada*. 2. Billete o documento que autoriza a entrar y ocupar asiento en un espectáculo, como cine, teatro, show, o en un vehículo de transporte. 📖 *Bilhete*

Entrantes *m.* Denominación que reciben las preparaciones en la cocina clásica que se ofrecen como primeros platos.
📖 *Antepasto, entrada*

Entremeses *m.* Alimento a modo de aperitivo que se sirve antes de los platos.
📖 *Antepasto*

Equipaje *m.* Conjunto de pertenencias personales que el viajero lleva para su uso durante el viaje en valijas y bolsos de viaje. Existe el **equipaje facturado** de valijas, bolsas, etc. que es confiado para su transporte a la empresa que ofrece el servicio y el **equipaje de mano**, formado por bolsos que pueden ser transportados por el propio viajero. 📖 *Bagagem, malas*

Escala 1. *f.* Escalera de mano hecha de cuerda o madera: *Bajaron una escala de emergencia desde la ventana.* 📖 *Escada.* 2. Sucesión ordenada de cosas diferentes de la misma especie: *Hay escalas de colores, de valores y de tamaños.* 3. Línea recta subdividida en partes iguales que representan unidades de medida, y que sirve para representar en proporción las distancias y medidas en un mapa, plano, diseño, etc., y calcular las dimensiones reales respecto al dibujo. 4. Graduación de los diversos instrumentos de medición: *Escala barométrica; escala térmica; escala de Ritcher, escala de Farenheit.*

5. Clasificación jerárquica ordenada por criterios de antigüedad, cargo, salario, etc.: *Cambiaron la escala de los funcionarios*. 6. Tamaño, importancia o proporción de un plan o idea: *Exportan sus produtos a media escala*. 7. Parada intermedia en un viaje aéreo o marítimo. En este caso, puede permitir una visita turística en tierra. Jurídicamente, la escala es una parada en un punto intermedio del itinerario, en la que el pasajero se programa para salir o continuar viaje el mismo día de la llegada, sin quedarse más de 24 horas. 📖 *Escala*

Escalada *f.* Deporte de montaña que consiste en subir, con material adecuado y buena preparación física, hasta la cumbre de una montaña. 📖 *Escalada*. **Escalada en roca** *f.* Deporte que consiste en subir por una gran pendiente a una gran altura. 📖 *Escalada em rocha*

Escudo 1. *m.* Arma defensiva de metal, madera o cuero para cubrirse y resguardar el cuerpo y que se llevaba en el brazo izquierdo: *El escudo del cruzado pesaba mucho*. 2. Persona o cosa que sirve de protección o parapeto: *Con unos sacos de arena como escudo construyeron una trinchera. Tomó un rehén como escudo*. 3. Superficie o espacio con el emblema o las armas de una nación, de una ciudad, de una familia, de una corporación o asociación, etc.: *El portalón de la casa lucía el escudo de su ciudad. Tiene una insignia con el escudo del Real Madrid*. 4. Antigua moneda española de oro y, después, de plata. Moneda chilena vigente desde 1959 hasta 1974. 5. GEOL. Plataforma compuesta por rocas consolidadas que constituye el núcleo de los continentes. 📖 *Escudo*

Eslogan *m.* Término de origen inglés (*slogan*), que se usa para designar una frase de fácil asociación a una empresa, marca, producto o servicio turístico, que se emplea preferentemente en los mensajes publicitarios y propagandísticos. 📖 *Bordão*

Espacio 1. *m.* Extensión del universo donde están todos los objetos sensibles que existen: *Mandarán una nave al espacio para buscar vida en otras galaxias*. 2. Lugar de esa superficie o extensión que ocupa cada objeto: *Este archivo ocupa mucho espacio*. 3. Distancia o separación entre dos objetos o personas: *Hay diez metros de espacio entre cada poste*. 4. Sitio o lugar: *Este espacio será para la panadería*. 5. Distancia recorrida o tiempo pasado: *Manejó por espacio de cinco horas*. 6. Programa de televisión o radio: Ofrece espacio informativo muy necesario. 7. Separaciones que existen entre las líneas de un texto en el manuscrito: *Quiero que dejes dos espacios entre las líneas*. 8. Separaciones que existen entre las rayas de un pentagrama: 📖 *Espaço*. 9. **Espacio aéreo** *m.* Zona de la atmósfera donde se desarrolla la actividad aérea de los aviones o naves aéreas, en sus maniobras, trayectorias de vuelo y según las diferentes velocidades de crucero. Queda sometida a la jurisdicción del estado que cubre: *La fuerza aérea los detuvo por invadir el espacio aéreo*. 📖 *Espaço aéreo*

Espejo *m.* Superficie lisa y brillante que refleja las imágenes, hecha con una placa de vidrio cubierta en su cara posterior de mercurio, acero u otro metal. 📖 *Espelho*. **Espejo retrovisor** *m.* Espejo

ESPELEOLOGIA

fabricado con vidrio especial para los coches, motos y camiones, que se usa para observar los vehículos que están atrás. 📖 *Espelho retrovisor*

Espeleología *f.* Ciencia que estudia las cavernas, su naturaleza, origen y formación, flora y fauna. Es considerada un deporte. 📖 *Espeleologia*

Esquí *m.* Patín alargado y estrecho de madera para deslizar sobre la nieve o el agua. 📖 *Esqui.* **Esquí acuático** *m.* Deporte de alta velocidad que combina el surf y el esquí. Son necesarios buenos reflejos y equilibrio, pues se realizan maniobras sobre uno o dos esquís, sobre el agua y agarrado a un cabo tirado por una lancha de gran potencia. 📖 *Esqui aquático.* **Esquí alpino** *m.* Deporte de invierno para turistas, que consiste en deslizar y descender sobre la nieve por pistas apropiadas para ese fin, con un equipo correspondiente. 📖 *Esqui na neve*

Establecimiento 1. *m.* Lugar donde se practica una actividad comercial, industrial o profesional: *En este establecimiento no se aceptan animales.* 2. Acto de fundar o instituir una entidad o negocio: *El establecimiento de la universidad en nuestra ciudad es positivo.* 3. Realización, forma de vida y fortuna de una persona: *Hizo muchas tonterías, pero al fin consiguió su establecimiento.* 📖 *Estabelecimento*

Estación 1. *f.* Cada una de las cuatro partes en que se divide el año: *Las estaciones son primavera, verano, otoño e invierno.* 2. Tiempo, temporada: *Enero es la estación de lluvias en Brasil.* 3. Sitio donde paran las composiciones de los ferrocarriles y líneas de ómnibus o del tren metropolitano: *No hay ninguna estación de tren, de ómnibus ni de metro por acá.* 4. Local e instalaciones donde quedan las dependencias de las estaciones de transporte: *En las oficinas de la estación te informan acerca de esto.* 5. Local e instalaciones donde se realiza una actividad: *Vamos a la estación de esquí.* 6. **BIOL**. Sitio o local de condiciones favorables a la vida de una especie animal o vegetal: *El Calafate tiene una estación de aves migratorias.* 7. Radio. Emisora de radio: *BBC es una estación de cobertura mundial.* 8. Cada uno de los altares, cruces y representaciones del recorrido del vía crucis: *Las estaciones son doce.* 9. Las oraciones que se rezan: *Oraban en las estaciones con devoción.* 10. Cada una de las paradas en que se hace alto durante un viaje o paseo: *Paramos en cuatro estaciones en la sierra.* 11. **Estación de servicio** *m.* Establecimiento en que se provee lo necesario al automovilista, como combustible, agua, alimentos, etc.: *Paramos a cargar gasolina y comer un sándwich en una estación de servicio.* 📖 *Estação de serviço*

Estación de esquí *f.* Localidad de la montaña que, por sus características geográficas y climáticas, posee instalaciones adecuadas para la práctica de deportes de invierno y otras destinadas para el alojamiento, manutención y diversión de los esquiadores y viajeros. 📖 *Estação de esqui.* **Estación turística** *f.* Localidad con un conjunto de recursos atractivos, alojamientos y recepción propia para atender al turista. 📖 *Estação turística*

Estadístico,ca 1. *adj.* Relativo a la ciencia de la estadística: *No tenemos muchos datos estadísticos.* 2. *m. y f.* Especialista en estadística: *Mi profesora es una excelente estadística.* 3. *f.* Censo de la población, de los recursos naturales e industriales o de otras actividades de un estado, provincia o categoría: *Hicieron una estadística sobre la alimentación del pueblo.* 4. Estudio de los datos físicos o de costumbres que se prestan a numeración, recuento o a comparación: *Salió una estadística sobre las preferencias sexuales de los varones mayores de veinte años.* 5. MAT. Ciencia que utiliza conjuntos de datos numéricos para obtener un cálculo de probabilidades: *La estadística es una ciencia compleja.* 6. En plural, es el conjunto de datos obtenidos en un estudio estadístico: *Según las estadísticas, nuestra población está envejeciendo.* 📖 *Estatístico,ca*

Estadística turística *f.* Estudio sectorial que tiene como objetivo, según los criterios de la Organización Mundial del Turismo (OMT), evaluar el alcance y las tendencias del movimiento turístico. Los resultados de las estadísticas deben servir al sector público y privado como base para elaborar la política de desarrollo del sector. 📖 *Estatística de turismo*

Estancia 1. *f.* Habitación o sala de una casa o posada: *Alquilamos una estancia en una posada rural.* 2. Aposento o cuarto donde se habita ordinariamente: *Lo guardo en el armario de mi estancia.* 3. Tiempo que permanece alguien en un lugar: *Durante su estancia en Madrid* visitarán varios museos. 4. METR. Estrofa formada por una combinación de versos endecasílabos y heptasílabos con rima variable en consonante, y cuya estructura se repite a lo largo de todo el poema. 5. AMÉR. Hacienda de campo destinado al cultivo, y más especialmente a la ganadería: *En su estancia crían vacas y caballos.* 6. AMÉR. Casa de campo con huerta y próxima a la ciudad: *Van a la estancia a pasar los fines de semana.* 📖 *Estância*

Estanco *m.* Establecimiento en el que se venden sellos y tabaco. 📖 *Tabacaria*

Estrella 1. *f.* Cuerpo celeste que brilla con luz propia. 2. Cualquier objeto que tiene la forma con la que se representan las estrellas: *Le regaló unos aretes de estrella.* 3. Emblema con esta forma que indica la graduación de los oficiales de las fuerzas armadas: *El capitán lleva galones de tres estrellas.* 4. Signo de esta forma que indica la categoría de los hoteles: *Ese es un hotel cinco estrellas.* 5. Persona destacada en su profesión o muy famosa: *Messi es una estrella del fútbol.* 6. Cualquier cosa que se destaca entre las de su clase: *La Gioconda es la estrella del museo.* 7. *f. pl.* En diminutivo, fideos con forma de estrellas que se ponen en la sopa: *Le gusta la sopa de estrellitas.* 8. **Estrella de mar** *f.* Animal marino con forma de estrella de cinco puntas triangulares. 9. **Estrella fugaz** *f.* ASTRON. Cuerpo luminoso que aparece de repente en la atmósfera a gran velocidad y se apaga rápido. 10. **Estrella polar** *f.* ASTRON. Estrella que queda en el extremo de la lanza de la Osa Menor e indica la dirección del polo norte. Se

ESTRUCTURA

escribe con mayúscula: *Se orientaban en el océano mirando la Estrella Polar.* 11. Proverbio sobre la suerte diferente de cada uno: *Algunos nacen con estrella y otros estrellados.* 📖 *Estrela*

Estructura 1. *f.* Distribución y orden de las partes que forman un todo: *Cambió toda la estructura del cuento.* 2. Sistema de elementos relacionados y dependientes entre sí: *La estructura lingüística.* 3. ARQ. Armazón de hierro, madera u hormigón que soporta la edificación: *Levantaron la estructura de los nuevos estadios.* 📖 *Estrutura*

Etapa 1. *f.* Parte o período que compone algo más grande: *Terminó la última etapa del test.* 📖 *Etapa.* 2. *f.* Parada en el transcurso de un viaje o itinerario. Distancia entre dos puntos de una parada en un medio de transporte. 📖 *Jornada*

Eurailpass *m.* Tarjeta de las empresas ferroviarias europeas que permite que los turistas hagan, por un valor fijo, un viaje en cualquier país europeo por un tiempo determinado. 📖 *Cartão de passe ferroviário Europass*

Eurostar *m.* Servicio ferroviario que une la isla de Gran Bretaña con Francia por debajo del Canal de La Mancha. 📖 *Eurotúnel*

Excursión *f.* Viaje de corta o media duración, de un día o varios, que se realiza a pie o con algún medio de transporte. 📖 *Excursão*

Excursionista 1. *m. y f.* Persona que participa de una excursión. 2. Visitante que permanece menos de 24 horas en el lugar que visita, y regresa a la noche a su local habitual, incluyendo a los viajeros que realizan cruceros. También llamado turista del día. 📖 *Excursionista*

F

F *f.* Sexta letra del abecedario español y cuarta de las consonantes. Su nombre es *efe.* 📖 *F*

Factor 1. *m.* Elemento que contribuye a alcanzar un resultado: *Tuvimos en cuenta todos los factores.* 2. MAT. Cada uno de los términos en una multiplicación: *Cuando multiplicamos 32 x 4, los factores son 32 y 4.* 3. *m. y f.* Empleado de ferrocarril encargado de despachar el equipaje: *El factor ya llevó todas las valijas.* 📖 *Fator*

Factura 1. *f.* Recibo detallado de los productos vendidos o los servicios prestados y su precio, que lleva el cliente como comprobante del pago realizado: *No ha llegado la factura del teléfono.* 📖 *Fatura.* 2. Ejecución, modo en el que se hace algo: *Era una pintura de factura vulgar y no una obra de factura delicada.* 📖 *Forma, execução*

Facturista *m. y f.* Empleado encargado de preparar y controlar las facturas. En los hoteles en la recepción, y en los restaurantes en el departamento de facturación y caja. 📖 *Despachante*

Fantasía 1. *f.* Facultad mental para reproducir en imágenes algo inexistente o de idealizar las cosas reales: *Es un autor con mucha fantasía.* 2. Cosa imaginada: *Esa idea es una fantasía.* 3. MÚS. Composición instrumental de estructura libre: *Fantasía impromptu.* 📖 *Fantasia.* 4. **De fantasía** *loc. adj.*

Se aplica a las prendas de vestir y a los adornos de formas extrañas e imaginativas: *Cinturón de fantasía*. También se dice de los adornos o joyas de bisutería: *Usa unos pendientes de fantasía*.
📖 *Bijuteria*

Farmacia *f.* Establecimiento que vende medicamentos. 📖 *Farmácia*

Faro 1. *m.* Las lámparas del coche que iluminan el camino si viajamos de noche. 2. Torre alta en las costas, con luz potente, que sirve de señal a las naves.
📖 *Farol*

Fast food *voz* INGL. *m.* Término inglés para las comidas rápidas, con alimentos de elaboración y consumo inmediatos.
📖 *Comida rápida*.

Feedback *voz* INGL. *m.* Retroalimentación o respuesta del receptor de un mensaje al emisor en el proceso de comunicación utilizado por los medios de masas, prensa, radio, televisión, cine, etc. y los medios de promoción, comercialización, publicidad y relaciones públicas.
📖 *Retroalimentação*

Feria 1. *f.* Evento de mercado extraordinario que ocurre en un sitio y en fechas apropiadas: *La feria de artesanías andinas fue un éxito*. 2. Fiestas que se celebran en una determinada fecha: *La feria de San Isidro es entre mayo y junio*. 3. Conjunto de instalaciones de recreación, con carruseles, circos, tiro al blanco, y de puestos de venta de dulces y de artesanías, que se monta por alguna fiesta: *Ganamos un oso de peluche en la feria*. 4. Instalación para exponer los productos de un ramo industrial o comercial, como libros, muebles, juguetes, etc., para su promoción y venta: *En abril es la feria del libro de Buenos Aires*.
📖 *Feira*

Ferrocarril *m.* Camino con dos filas de barras de hierro paralelas llamadas vías sobre las que ruedan los trenes: *Este tramo de ferrocarril está cortado*.
📖 *Ferrovia*

Ferry *voz* INGL. *m.* Trasbordador. El plural es *ferries*: *Los ferries transportan autos, autobuses y otros vehículos*. 📖 *Balsa*

Festival *m.* Concurso o exhibición de manifestaciones artísticas o deportivas: *¿Vamos al festival de cine?*.
📖 *Festival*

Fiabilidad 1. *f.* Confianza o crédito que merece una persona: *Es un empleado de gran fiabilidad*. 2. Probabilidad de que algo funcione bien o sea seguro: *Conozco la fiabilidad de ese programa de archivos*. 📖 *Confiabilidade*

Fianza 1. *f.* Compromiso de una persona que responde por otra: *Su palabra no nos sirve como fianza*. 2. Multa o tasa que se paga por la libertad de una persona a espera de juicio o de sentencia: *Llamó a su padre desde la comisaría para que pagara la fianza*. 3. Cualquier objeto o dinero que queda como garantía de algo: *Dejó un alquiler de fianza por el departamento.* 📖 *Fiança*

Fiesta 1. *f.* Reunión de personas para divertirse en grupo: *Nos encontramos en una fiesta.* 2. Conmemoración civil o religiosa de algún acontecimiento o fecha especial, y día en que se celebra: *Voy a las fiestas de la Virgen del Valle.* 3. Día no laborable: *Hoy no trabajamos, es fiesta.* 4. Actividades culturales y diversiones que se festejan en un lugar en días determinados: *Esta semana son las fiestas de las Alasitas.* 5. *f. pl.* Período de vacaciones en días de fiestas religiosas: *En las fiestas de fin de año reunimos a la familia.* 6. *f.* Agasajo, gracias u obsequio: *Los niños hicieron fiestas cuando nos vieron llegar.* 📖 *Festa*

Filial 1. *adj.* Relativo al hijo en relación al padre o la madre: *El más grande es el amor filial.* 2. *f. adj.* Comercio u organismo que depende de otro: *Hay una filial de la fábrica muy cerca de allí.* 📖 *Filial*

Financiación *f.* Contribución del dinero necesario para el desarrollo de una empresa, proyecto u otra actividad: *Se necesita una financiación programada para mejorar los hospitales.* 📖 *Financiamento*

Flete 1. *m.* Costo del alquiler de un barco, avión o camión, para transportar una carga: *El despachante aduanero ya pagó el flete.* 2. Carga que se transporta: *Lleva un flete de autopartes.* 3. AMÉR. Carga transportada por mar o por tierra: *Los camioneros esperan flete.* 4. AMÉR. Caballo ligero. 5. AMÉR. Vehículo que se alquila para el transporte de bultos o mercaderías. 📖 *Frete*

Folclore 1. *m.* Conjunto de tradiciones, costumbres, danzas, canciones, etc. de un pueblo, país o región: *Estudiamos el folclore riojano.* 2. *m. col.* Juerga, farra: *Con el folclore que armaron los estudiantes no se puede descansar.* También se escribe folklore. 📖 *Folclore*

Folleto *m.* Texto impreso de más de cuatro páginas y menos de cincuenta: *Recibí un folleto en la oficina de turismo.* 📖 *Folheto*

Fomento 1. *m.* Estímulo, incentivo: *No hay leyes de fomento al libro.* 📖 *Fomento*. 2. *m. pl.* MED. Paño caliente mojado en un líquido o medicamento que se pone sobre la piel: *Le recetaron aplicarse fomentos calientes.* 📖 *Compressa*

Fonda *f.* Establecimiento público que da alojamiento y sirve comidas: *Se hospedó en una fonda y le sale mucho más barato que el hotel.* 📖 *Hospedaria*

Frazada *f.* Manta de cama. 📖 *Cobertor*

Franquicia 1. *f.* Dispensa del pago de algunas tasas, impuestos, etc.: *Economizamos con la correspondencia pidiendo la franquicia postal.* 2. Contrato por el cual una empresa permite a otra usar su marca y revender sus productos, con ciertas condiciones: *Adquirió una franquicia de una marca de dulces.* 3. Comercio sujeto a las condiciones de tal contrato: *El nuevo shopping abrió varias franquicias nuevas.* Cantidad mínima de perjuicio a partir de la cual pagará el seguro. 📖 *Franquia*

Frecuencia 1. *f.* Repetición de un mismo acto o suceso: *Nos vemos con poca frecuencia.* 2. Número de veces que se repite un acto periódico en un cierto intervalo de tiempo: *Pide información sobre la* *frecuencia de los colectivos*. 3. Número de vibraciones u ondas por unidad de tiempo en un fenómeno periódico: *La FM es una radio de frecuencia modulada.* 📖 *Frequência*

Free lance VOZ INGL. *m. y f.* Profesional que trabaja por cuenta propia y presta servicios, de modo simultáneo, a varias personas, empresas o instituciones. Entre los profesionales que ejercen esta actividad, están los periodistas, los guías de turismo, traductores, etc. 📖 *Trabalho avulso, trabalhador,ra avulso,a*

Frutilla 1. *f.* Cuenta de las Indias usada para hacer rosarios. 2. *f.* AMÉR. Especie de fresa. 📖 *Morango*

Fusión 1. *f.* Acción y efecto de fundir o unirse. 2. Unión de intereses, ideas o políticas. 3. ECON. Unión de varias empresas en una sola, que es controlada legalmente para evitar la concentración de poder en el mercado. 📖 *Fusão*. 4. **Fusión nuclear** *f.* FÍS. Reacción nuclear, producida por la unión de dos núcleos, que genera outro más pesado, con gran eliminación de energía. 📖 *Fusão nuclear*

G

G *f.* Séptima letra del abecedario español y quinta de sus consonantes. Fonéticamente, cuando va seguida inmediatamente de *e* o *i*, representa un sonido de articulación velar fricativa sorda, como el de la *j*: *genio, giro, colegio*. En cualquier otro caso representa un sonido de articulación velar sonora, oclusiva en posición inicial absoluta o precedido de nasal (*gala, gloria, angustia*), y fricativa por lo general en las demás posiciones: *paga, iglesia, agrado, algo, dogma, ignoraré.* 📖 *G*

Gacha *f.* Plato típico de la gastronomía española a base de harina cocida con agua y sal, chorizo, pimiento, aceite y pimienta. Las más populares son las manchegas. 📖 *Prato típico espanhol parecido com mingau*

Gastronomía *f.* Conocimientos y actividades relativas a la preparación y degustación de comidas. La culinaria de una zona es uno de los atractivos especiales del turismo, y existen asociaciones y clubes gastronómicos que fomentan "el arte del buen comer". 📖 *Gastronomia*

Gastrónomo,ma 1. *m. y f.* Persona que se dedica o estudia el arte de cocinar: *Hay tres buenos gastrónomos que enseñan en la escuela.* 2. Persona que aprecia la buena comida: *Voy a llevar a mis padres a un buen restaurante porque son unos gastrónomos exquisitos.* 📖 *Gastrônomo,ma*

Gazpacho *m.* Sopa fría de la cocina andaluza de la que existe una gran variedad. Sus ingredientes principales son el pimiento, ajo, vinagre, agua y sal, con una guarnición de pan frito, pepino, tomate, pimiento o cebolla. 📖 *Sopa fria, típica da culinária espanhola*

GINCANA

Gincana *f.* Actividad lúdica con pruebas culturales, deportivas, recreativas o de destreza manual para diversión. Forman parte de concursos con premios a los más hábiles. 📖 *Gincana*

Gobernanta 1. *f.* Encargada que administra una casa o institución. 2. Jefa del departamento de pisos de un hotel que planifica y coordina los servicios de pisos y habitaciones, la lavandería y lencería, la limpieza y conservación de los cuartos. 📖 *Governanta*

Gofio 1. *m.* Harina gruesa de maíz, trigo o cebada tostados: *Los canarios comían gofio en vez de pan.* 2. AMÉR. Especie de alfajor de harina de maíz. 3 AMÉR. Plato de harina fina de maíz tostado y azúcar. Comida típica de Canarias. 📖 *Farinha de milho, trigo ou cevada tostada*

Golondrina 1. *f.* Barca de motor para pasajeros. 📖 *Barco*. 2. Pájaro de pico negro, cuerpo negro azulado, alas puntiagudas y cola larga ahorquillada: *Una golondrina no hace verano.* 📖 *Andorinha*. 3. Pez marino, con el lomo rojo y dos aletas torácicas muy desarrolladas que sirven para saltar fuera del agua. 📖 *Peixe-voador*

Granada 1. *f.* Fruto del granado, de corteza rojiza y forma de globo, con muchas semillas rojas en la pulpa: *La granada es muy dulce.* 📖 *Romã*. 2. Bomba de mano con explosivos: *La granada estalló en la trinchera.* 📖 *Granada*

Gratuidad 1. *f.* Calidad de gratuito: *La gratuidad de la salud es un derecho.* 2. Falta de razón, arbitrariedad: *La gratuidad de tu actitud me sorprende.* 📖 *Grátis, gratuito,ta*

Grifo *m.* Llave metálica en la salida de un caño para regular el flujo de un líquido. 📖 *Torneira*

Guacamole *m.* Salsa espesa de aguacate molido o picado, al que se agrega cebolla, tomate y pimienta. 📖 *Molho típico da culinária mexicana feito com abacate*

Guantera *f.* Caja en el panel de los vehículos en la que se guardan objetos. 📖 *Porta-luvas*

Guarnición *f.* Ensaladas, purés u otros alimentos que acompañan las comidas, formando parte de ellas o servidas por separado, y que son complemento nutritivo y estético del alimento principal: *En la cena del congreso sirvieron pollo con palmitos de guarnición.* 📖 *Guarnição, enfeite do prato principal*

Guayaba *f.* Fruto del guayabo, ovalado, del tamaño de una pera, de varios colores, agridulce, con la pulpa llena de granos o semillas pequeñas. 📖 *Goiaba*

Guía de ruta *m. y f.* Profesional turístico que atiende al grupo de turistas durante un viaje o circuito turístico, apoyado por guías locales en la visita de cada punto de interés del itinerario. 📖 *Guia, cicerone*

Guía de turismo *m. y f.* Profesional turístico que informa y atiende al turista durante una visita, viaje u otro servicio técnico turístico. Según las normas legales españolas, la actividad del guía de turismo es aquella que va encaminada a la prestación de modo habitual de servicios de orientación, información y asistencia al turista, tanto en lo artístico, gastronómico, histórico o de simple diversión. 📖 *Guia de turismo*

Guisar *tr.* Cocinar un alimento, agregando guarniciones y especias: *Es un empleado que sabe guisar y poner la mesa.* 📖 *Guisar, refogar*

Guisante *m.* Planta de la familia de las papilionáceas. 📖 *Ervilha*

H

H *f.* Octava letra del abecedario español y sexta de sus consonantes. Aunque solo tiene valor ortográfico, se pronuncia aspirada en las variedades de Extremadura, Andalucía y en las de algunas áreas de América, como en *halar* que se pronuncia "jalar". El nombre es hache. 📖 *H*

Habilitación 1. *f.* Capacitación o aptitud. 2. Permiso de un habilitado o auxiliar. 📖 *Habilitação*

Habitación *f.* Cuarto o pieza de la casa en la que se duerme. 📖 *Quarto*

Hall *voz* INGL. *m.* Vestíbulo de un edificio o de un terminal de transporte, puerto, ferrocarril, aeropuerto, etc. 📖 *Salão ou vestíbulo espaçoso*

Hangar *m.* Cobertizo de gran tamaño para guardar o reparar aviones: *Juanito trabajaba desde los 18 como técnico en los hangares del aeropuerto en Cartagena.* 📖 *Hangar*

Helado *m.* Postre helado de leche, crema y otros ingredientes: *A mi hija le gustan los helados con sabor a frutas.* 📖 *Sorvete*

Heladería *f.* Lugar donde se fabrican o venden helados: *La mejor heladería de Cartagena se llama Paradiso.* 📖 *Sorveteria*

Helipuerto *m.* Pista para el aterrizaje y despegue de los helicópteros. 📖 *Heliporto*

Hemisferio *m.* Cada mitad de la esfera terrestre, divididas por el Ecuador en hemisferio norte y hemisferio sur, con climas diferenciados de acuerdo con la estación del año y la posición del sol. 📖 *Hemisfério*

Hervir *intr.* Producir en un líquido elevación de su temperatura y fermentación: *El agua hervida es más segura para los alimentos.* 📖 *Ferver*

Hierbabuena *f.* Planta de hojas verdes muy perfumada, que se usa para dar buen olor al ambiente y sabor a los alimentos o bebidas: *La hierbabuena es utilizada para aliviar enfermedades.* 📖 *Hortelã*

Hidroplano *m.* Embarcación con aletas inclinadas, que desliza sobre el agua a gran velocidad, superior a la de los buques. 📖 *Hidroplanador*

Higiene *f.* Conjunto de reglas para la conservación de la salud y la prevención de enfermedades. 📖 *Higiene*

Higo *m.* Fruto comestible tardío de la higuera. Es azucarado y blando por dentro, rojo o blanco, y lleno de semillas. 📖 *Figo*

Historia del turismo *f.* A partir del siglo XIX empezó a desarrollarse la actividad turística, pero fue en el siglo XX, tras la Segunda Guerra Mundial, que aumentó el turismo masivo. En la Edad Antigua, los griegos y romanos realizaban acciones recreativas y de descanso en balnearios. En la Edad Media, nació el turismo religioso a partir de las peregrinaciones y de la expansión del Cristianismo. En la Edad Moderna, apareció el turismo con las navegaciones, los descubrimientos, las conquistas y el comercio en las colonias de África y América. En la Edad Contemporánea, ya se puede distinguir el desarrollo embrionario del turismo en el siglo XIX. 📖 *História do turismo*

Hoja de caja *f.* Tipo de documento contable usado en la recepción de un hotel para contabilizar las entradas y los gastos del día y hacer el recuento diario de caja. 📖 *Livro-caixa*

Hoja de costos *f.* Tipo de documento contable usado en la cocina de un hotel o restaurante para calcular los gastos de producción de los diversos platos. 📖 *Folha de custos*

Hojas de reclamaciones *m.* Tipo de documento por el cual puede el cliente expresar sus quejas motivadas en la venta o prestación de servicios turísticos. La hoja de reclamaciones se debe presentar a los Servicios de la Administración Turística para su tramitación y apertura de expediente. 📖 *Livro de reclamações*

Holding voz INGL. *m.* Término del inglés usado para definir una sociedad que controla las acciones de otras participando en el capital de estas. 📖 *Empresa que detém a maioria das ações de outras empresas centralizando o controle sobre elas*

Hora GTM *f.* GTM (*Greenwich Mean Time*), u Hora de Greenwich, es el marcador oficial mundial del tiempo. Hacia el este, el fuso es negativo y hacia el oeste, positivo. Por ejemplo, España está a + 1 GTM. 📖 *Fuso horário*

Hospedaje 1. *m.* Lugar para alojarse. 2. Alojamiento y apoyo prestado a una persona en un hotel por un determinado precio. 📖 *Hospedagem*

Hospedería 1. *f.* Habitación o casa que aloja huéspedes. Alojamiento y otros servicios. Es gerenciada por particulares, institutos o empresas. 2. Por disposición legislativa no puede pasar de un número determinado de estrellas. 📖 *Hospedaria*

Hospitalario,ria *adj.* Que recibe o acoge amablemente: *Los brasileños suelen ser hospitalarios con los extranjeros.* 📖 *Hospitaleiro,ra*

Hospitalidad *f.* Amabilidad al recibir o acoger otras personas: *Les agradeció mucho por su amable hospitalidad.* 📖 *Hospitalidade*

Hostal *m.* Establecimiento comercial que ofrece alojamiento en habitaciones, y dispone o no de comedor u otros servicios complementarios, pero por su estructura no alcanza las exigencias de un hotel. El hostal que no posee comedor se denomina hostal residencia. 📖 *Albergue, pensão*

Hostelería *f.* Conjunto de servicios que ofrecen comida y alojamiento a los huéspedes y viajeros mediante pago. 📖 *Hotelaria*

Hotel 1. *m.* Establecimiento que ofrece alojamiento, comida y otros servicios a los clientes que viajan desde otra población: *Este hotel es de categoría 3 estrellas.* 📖 *Hotel*

Hotelero,ra *m. y f.* Profesional dedicado a la hostelería. Dueño o administrador de un hotel. 📖 *Hoteleiro,ra*

Huésped *m. y f.* Persona que se aloja gratis en casa ajena, o pagando en un hotel. 📖 *Hóspede*

I

I *f.* Nona letra del abecedario español y tercera de sus vocales. El plural es *íes.* En cifras romanas es el uno: *I Congreso de la Lengua Española.* Se escribe con mayúscula. El nombre de la letra es *i latina.* 📖 *I*

Ida y vuelta *f.* Acción o efecto de regresar al punto de origen por un medio de transporte que puede significar una rebaja del precio del billete. 📖 *Ida e volta*

Identidad *f.* Características que distinguen a un individuo en un conjunto: *La identidad de los asaltantes no fue revelada.* 📖 *Identidade*

Impredecible *adj.* 1. Que no permite predecir. 2. Inesperado: *El tiempo en San Pablo es impredecible.* 📖 *Imprevisível*

Impuesto *m.* Tributo que paga el ciudadano según su capacidad económica para cubrir los gastos públicos: *Cada día pagamos más impuestos.* 📖 *Imposto*.

Impuesto de instancia *m.* Gravamen que algunos países cobran de modo indirecto al consumo de los turistas, cuyos ingresos se aplican en mejoras de los servicios turísticos. 📖 *Imposto de permanência*

Inalterable *adj.* Que no puede ser alterado: *El tiempo de la visita es inalterable.* 📖 *Inalterável*

Incentivo 1. *adj.* Acción que estimula a desear o a realizar algo. 2. *m.* ECON. Estímulo a una persona o un sector de la economía para elevar la producción y mejorar las ganancias. 📖 *Incentivo*

Incorrecto,ta *adj.* Que no está correcto, que contiene errores: *Lo que le dijo a la profesora es incorrecto.* 📖 *Incorreto,ta*

Incrementar *tr. pron.* [algo] Acción de aumentar: *La matrícula se ha incrementado un 20% este año.* 📖 *Incrementar*

Indemnización *f.* Acción de indemnizar por incumplimiento de un contrato o una prestación de un servicio hotelero, de transporte o de programa de viaje. 📖 *Indenização*

Indocumentado,da *adj.* Persona que no lleva consigo o que no posee documentos de identificación personal: *Detuvieron a un estudiante indocumentado que estudiaba en la escuela.* 📖 *Sem documento*

Industria 1. *f.* Actividad económica o conjunto de operaciones destinadas a la obtención, transformación y transporte de materias primas para transformarlas en productos. 2. Instalación que se destina a estas operaciones: *Ayer visitamos una industria de ropas.* 📖 *Indústria.* 3. **Industria ligera** *f.* La que trabaja con pequeños volúmenes de materias primas y fabrica productos de consumo directo. 📖 *Indústria leve.* 4. **Industria pesada** *f.* Aquella que produce máquinas pesadas o bienes de equipo. 📖 *Indústria pesada*

Inflación *f.* Reducción del valor del dinero debido a la subida permanente de los precios. 📖 *Inflação*

Información 1. *f.* Acto o efecto de informar o investigar. 2. Oficina donde se puede obtener información sobre algo. 3. Averiguación jurídica legal. 4. Conjunto de noticias que se comunican o se transmiten. 📖 *Informação*

Inmovilizado,da 1. *m. y f.* Que no se mueve. 2. *m.* Conjunto de elementos materiales o inmateriales comprados o creados por la empresa. 📖 *Imobilizado,da*

Inmueble 1. *adj.* Bienes patrimoniales que no se pueden transportar: *Haciendas, terrenos y viviendas son bienes inmuebles.* 2. *adj.* Casa, edificio: *Ayer el alcalde decretó la interdicción del inmueble azul de la esquina.* 📖 *Imóvel*

Inodoro 1. *adj.* Que no tiene olor. 📖 *Inodoro.* 2. *m.* Recipiente con instalaciones necesarias para orinar y evacuar, ubicado en el cuarto de baño. 📖 *Privada, vaso sanitário*

Integración 1. *f.* Acto o efecto de integrar o integrarse. 2. Reunión de actividades industriales en un control unificado para alcanzar un funcionamiento harmonioso. 📖 *Integração*

Interés *m.* Lucro o ganancia producido por una cantidad de dinero prestado o invertido. 📖 *Juros*

Intermediario,ria 1. *m. y f.* Que media entre dos o más personas, para realizar un negocio. Que media entre el productor y el consumidor de géneros o mercaderías. 2. *m.* Empresa turística que presta servicio comercial, organiza, asesora y media entre el prestador de productos y servicios turísticos y el cliente usuario. 📖 *Intermediário,ria*

Intérprete *m. y f.* Profesional con gran conocimiento de idiomas y dialectos, que se comunica con otra persona en su propia lengua. 📖 *Intérprete, tradutor,ra*

Inversión *m.* En sentido financiero, dinero

que se coloca en valores mobiliarios o depósitos bancarios para obtener una determinada rentabilidad en todos los sectores económicos, entre ellos el turístico. 📖 *Investimento*

Itinerario turístico *m.* Ruta para una guía de viaje, con una serie de datos geográficos y culturales, donde se describen y detallan los lugares de paso, y se establecen etapas teniendo en cuenta las características turísticas. 📖 *Itinerário turístico*

J

J *f.* Décima letra del abecedario español y décima del alfabeto latino básico. Su nombre es *jota*. 📖 *J*

Jabón 1. *m.* Producto sólido o líquido que combina un álcali y algún ácido graso de origen vegetal o animal, y sirve para lavar la piel, la ropa, etc.: *El jabón es útil para la higiene.* 2. Existen de varios tipos: *Mi abuela suele usar el jabón de glicerina.* 📖 *Sabão*

Jabón de sastre *m.* Pastilla hecha de un tipo de talco que se usa como tiza para marcar en una tela los cortes y las costuras. 📖 *Giz de alfaiate*

Jabón de tocador *m.* El que es utilizado en el aseo personal. 📖 *Sabonete*

Jabonera *m.* Recipiente usado para dejar en el baño el jabón de tocador. 📖 *Saboneteira*

Jefe *m. y f.* Autoridad superior, patrón, líder o cabeza de un grupo, empresa o partido. 📖 *Chefe*. **Jefe de administración** *m.* Persona responsable por el control administrativo, económico y contable de empresas turísticas como hoteles, agencias de viajes, etc., con funciones de organización, dirección, planeamiento, coordinación y control del departamento. 📖 *Administrador*. **Jefe de brigada** *m.* Persona con cargo de nivel medio del departamento de comedor de un hotel o restaurante, encargada de dirigir, organizar, planificar, coordinar y controlar una brigada de camareros. 📖 *Chefe de departamento*. **Jefe de cocina** *m. y f.* Persona con cargo intermedio del departamento de cocina de un hotel o restaurante, con funciones y responsabilidades en el planeamiento, organización, dirección, coordinación y control del servicio de preparación de los platos y menús. 📖 *Chef de cozinha*

Jengibre 1. *m.* Planta nativa de Asia, aromática y con fruto de sabor acre y picante: *Pide un jugo con un poco de jengibre.* 📖 *Gengibre*

Jocoso, sa *adj.* Persona que provoca risa. Graciosa, chistosa, divertida. 📖 *Alegre*

Jornada 1. *f.* Marcha o camino que se recurre en un día. 2. Tiempo que dura una labor diaria. 📖 *Jornada*. 3. En los establecimientos hoteleros, la jornada sirve para calcular el precio del alojamiento, de acuerdo con el número de pernoctas. 📖 *Diária*. 4. Congreso monográfico de corta duración: *Jornada por la paz* *mundial.* 📖 *Jornada.* **Jornada laboral** *f.* Tiempo de duración de la labor diaria del trabajador. 📖 *Jornada de trabalho*

Joyería 1. *f.* Establecimiento que fabrica, alquila o vende joyas: *Compré un anillo en esa joyería.* 2. Taller donde se producen las joyas: *Magno es el distribuidor de una joyería famosa.* 📖 *Joalheria*

Judía *f.* Planta de la familia de las papilionáceas, originaria de América, con frutos comestibles y vainas con varias semillas. Las muchas especies existentes se diferencian por el tamaño de la planta y el color y la forma de las vainas y semillas. 📖 *Vagem*

Jugar 1. *intr.* Hacer algo con alegría o participar en juegos para divertirse y entretenerse: *Está jugando con su prima en la playa.* 2. Retozar, travesear: *Esos chiquitos se pasan el día jugando.* 3. Participar en un juego o competición deportiva sometidos a reglas: *Ernesto no jugó porque está enfermo.* 4. Intervenir cada jugador en su turno: *Juega ella primero.* 5. Apostar, ganar o perder dinero en algún juego: *Jugar a la quiniela.* 📖 *Jogar.* 6. Tratar a alguien sin la consideración merecida: *Están jugando con vuestra dignidad.* 📖 *Brincar.* 7. *tr.* Tomar parte de partidas de un juego: *Jugamos dos partidas de ajedrez.* 📖 *Jogar.* 8. Usar las cartas, fichas o piezas en ciertos juegos: *Jugó el siete de espadas.* 9.

Desempeñar: *Juega un rol importante en el tema de la ecología.* Este uso, aunque muy extendido, es un galicismo que puede ser criticado. 📖 *Jogar.* 10. *pron.* Sortearse: *Se jugaron 20 millones en la Sena.* 📖 *Jogar.* 11. **Jugar con fuego** *loc.* Arriesgarse demasiado, ponerse en peligro: *No juegues con fuego o te vas a chamuscar.* 📖 *Brincar*

K

K *f.* Undécima letra del alfabeto español, sigue a la *j*. Su nombre es *ka*. Tiene el sonido de *c* (*ca, co, cu*) o de *que* (*que, qui*). Símbolo de Kilo y símbolo químico del potásio K. 📖 *K*

Ka [ka] *f.* Nombre de la letra *k*.

Kilo 1. *m.* Unidad básica de masa: *Quiero dos kilos y medio de arroz.* 📖 *Quilograma.* 2. Abreviatura de kilogramo. 3. *col.* Millón de Pesos o de Euros: *Ganaron cerca de veinticinco kilos en la compra y venta de esa empresa.* 📖 *Milhão de pesos, de euros.*

Kilometraje *m.* Cantidad de kilómetros que hay entre dos puntos o en un recorrido: *Vamos a confirmar el kilometraje.* 📖 *Quilometragem*

Kiosco 1. *m.* Construcción pequeña de un material liviano, que se dispone en las calles y lugares públicos para la venta de revistas, diarios y otros artículos: *Fuimos al kiosco y compramos la revista semanal.* 📖 *Banca de jornal.* 2. Estructuras cubiertas y abiertas en los costados, que se disponen en parques o paseos: *El coro se presentó en el kiosco de la plaza.* La forma preferida es *quiosco.* 📖 *Quiosque*

Kiwi 1. *m.* Ave no voladora de pico fino y largo: *La zona del Kiwi es Nueva Zelandia.* También se escribe *kivi.* 📖 *Quivi.* 2. Fruto comestible arredondeado, con interior verde y jugoso: *El kiwi tiene un sabor suave y ácido.* 📖 *Kiwi*

L

L *f.* Decimotercera letra del abecedario español y duodécima de sus consonantes. Tiene el valor de 50 en la numeración romana: *Ellas no van a participar en el L Congreso de Profesores del Estado.* Su nombre es *ele.* 📖 *L*

Labor *f.* Acción de trabajar o trabajo: *Su labor es muy importante.* 📖 *Trabalho*

Lacón *m.* Antebrazo del cerdo, salado y curado, comestible: *Comieron lacón con papas asadas.* 📖 *Pernil curado*

Lacre *m.* Tipo de pasta plástica o de goma que, derretida, sirve para cerrar cartas, lacrar documentos y otros usos. 📖 *Lacre*

Ladrillo *m.* Masa de barro cocido, en forma de prisma, usada en la construcción de paredes, muros, etc.: *La pared principal de la casa era de ladrillos huecos.* 📖 *Tijolo*

Laguna 1. *f.* Lago de pequeña dimensión, dulce o salado, o depósito natural de agua menor y menos profundo que un lago. 📖 *Lagoa.* 2. Hueco, vacío u olvido en el habla o en un texto: *La disertación presenta algunas lagunas.* 3. Cosas olvidadas o desconocidas: *Hay unas pocas lagunas en este cuento.* 📖 *Lacuna.* 4. *pl.* Ausencia o vacío en un conjunto o serie: *Hay dos o tres lagunas en este índice del libro de bolsillo.* 📖 *Lacunas*

Laja *f.* Tipo de piedra lisa, plana y fina: *Vamos a hacer un camino con algunas lajas.* 📖 *Lajota, laje*

Lama *f.* Barro blando, suelto, del fondo de los lagos, de los ríos, o de los lugares donde hay agua acumulada. 📖 *Lama*

Lámpara *f.* Artefacto que produce luz. 📖 *Lâmpada*

Lamparilla *f.* Lámpara pequeña que se enciende en un plato de aceite, normalmente en una ceremonia. 📖 *Lamparina*

Lancha 1. *f.* Tipo de embarcación de vela y remo, a vapor o con motor. 2. Embarcación pequeña con o sin cubierta: *Los pasajeros llegaron al puerto en lancha.* 📖 *Lancha*

Langosta 1. *f.* Crustáceo invertebrado marino comestible, de cuerpo alargado y cabeza grande, con diez patas y dos antenas: *Las langostas con crema golf son muy sabrosas.* 📖 *Lagosta.* 2. *f.* Insecto herbívoro grande, que se agrupa y forma plagas. 📖 *Gafanhoto*

Langostino *m.* Crustáceo marino, invertebrado, comestible, de cuerpo alargado y cabeza grande y con patas cortas y finas, menor que la langosta. 📖 *Camarão*

Lapicero *m.* Barra delgada y larga, con un cilindro fino de grafito u otra sustancia mineral, como tiza plástica en el interior. Lápiz que sirve para escribir, dibujar o pintar. 📖 *Lapiseira*

Lápiz *m.* Barra delgada y larga, con un cilindro fino de grafito para escribir, dibujar o pintar: *Compré muchos lápices en Italia.* 📖 *Lápis*

Largo,ga *adj.* De gran duración o longitud: *Durante la vida recorrió un largo camino.* 📖 *Comprido,da*

Largura *f.* Dimensión mayor de una superficie, longitud: *Para medir la largura de la pared de esa casa necesitarás un metro de albañil.* 📖 *Comprimento*

Laringitis *f.* MED. Inflamación aguda de la laringe. 📖 *Laringite*

Lata f. Recipiente de latón, estaño u outro metal, usado para guardar y conservar sólidos o líquidos: *Cierra esa lata de sardinas, por favor.* 📖 *Lata*

Latinoamericano,na *adj.* Originario de un país americano que fue colonizado por España, Portugal o Francia: *La cumbre contempló a todos los países latinoamericanos.* 📖 *Latinoamericano,na*

Latitud 1. *f.* Es la distancia que va desde un punto de la superficie terrestre hasta la línea ecuatorial, medida por los grados de un meridiano: *Queda a ocho grados de latitud sur.* 📖 *Latitude.* 2. ASTRON. Distancia, medida en grados, que va desde la Eclíptica a cualquier punto en la esfera celeste hacia uno de los polos: *Latitud de una estrella.* 📖 *Latitude celeste*

Lavabo *m.* Recipiente con agua, canillas y desagues usado para lavarse las manos y la cara. 📖 *Pia*

Lavadero 1. *m.* Lugar público o doméstico, pileta o recipiente usado para lavar la ropa. 📖 *Tanque.* 2. *Min.* Instalaciones para lavar y preparar los minerales. 📖 *Lavadouro*

Lavadora *f.* Aparato eléctrico usado para lavar ropa. 📖 *Máquina de lavar roupa*

Lavafrutas *m.* Vasija con agua, que se sirve a la mesa para lavar las frutas y tambien para enjuagarse los dedos: *Comió la langosta y se lavó los dedos en el lavafrutas.* 📖 *Lavanda*

Lavamanos *m.* Pileta o recipiente de agua con canillas para lavarse las manos. 📖 *Lavabo, pia*

Lavandería *f.* Establecimiento comercial o industrial para lavar la ropa: *Lavaron las prendas de vestir en la lavandería.* 📖 *Lavanderia*

Lavandero,ra *m. y f.* Persona que tiene el oficio de lavar ropa. 📖 *Lavadeiro,ra*

Lavaplatos 1. *com.* Mozo de cocina que tiene por oficio lavar platos. 2. *m.*

Lavavajillas Máquina eléctrica que sirve para lavar los utensilios de cocina y platos. 📖 *Lava-louça*

Lavavajillas *m.* Máquina eléctrica usada para lavar los utensilios de cocina, cubiertos, platos y vasos. 📖 *Lava-louça*

Leche *f.* Líquido blanco, nutritivo, producido por las glándulas mamarias de las hembras de los mamíferos, para nutrir a los hijos hasta que sean capaces de digerir otros alimentos: *Leche de vaca sirve para el consumo humano.* 📖 *Leite*

Lechería *f.* Establecimiento donde se vende leche y otros lácteos. 📖 *Leiteria*

Lechero,ra *adj.* Relacionado con la leche o los lácteos. Persona que vende leche. 📖 *Leiteiro,ra*

Lechuga *f.* Hortaliza herbácea de hojas grandes, nervadas, verdes y blandas, unidas por la base y que se pueden comer sin cocinar. 📖 *Alface*

Legumbre *f.* Fruto o semilla contenida en la vaina de plantas que se cultivan en un huerto: *Las legumbres son indispensables a la salud.* 📖 *Legume*

Lejanía 1. *f.* Distancia muy grande entre dos puntos geográficos. 📖 *Distância.* 2. Parte más alejada de un lugar: *El buque se perdió en la lejanía del mar.* 📖 *Lonjura*

Lejano,na *adj.* Que está a mucha distancia en el espacio o en el tiempo: *La Primera Guerra ocurrió en un tiempo lejano.* 📖 *Longínquo,qua*

Lejía *f.* Disolución química líquida, mezcla de agua y sales de cloro, que se usa para blanquear la ropa y desinfectarla. 📖 *Água sanitária*

Lejos *adv.* A gran distancia, en un lugar remoto y distante en el tiempo o en el espacio: *España está muy lejos de Brasil.* 📖 *Longe*

Lema 1. *m.* Una frase o idea que expresa un pensamiento que sirve de guía para la conducta de alguien o para un asunto determinado: *Su lema siempre fue respetar para ser respetado.* 📖 *Lema.* 2. Voz de entrada de una palabra, que será explicada en un diccionario o una enciclopedia: *Es un diccionario bilingüe com 36 mil lemas.* 📖 *Verbete*

Lencería 1. *f.* Es un término que sirve para designar ropas interiores femeninas y cierto tipo de ropa de cama y baño. 📖 *Roupa íntima.* 2. Comercio donde se vende ropa interior femenina: *La lencería del shopping vende unas ropas muy lindas.* 📖 *Loja de roupa íntima.* 3. Manteles, sábanas y otras ropas blancas para la mesa o la cama: *La mejor lencería de cama y mesa debe ser de algodón.* 📖 *Roupa de cama e mesa*

Lenteja *f.* Planta leguminosa con tallos débiles de 30 a 40 centímetros y ramosos, hojas compuestas y flores blancas, que produce unas legumbres ordenadas en hilera, dentro de una cáscara fina y flexible. 📖 *Lentilha*

Lentilla *f.* Disco pequeño y transparente que se pone sobre la capa lacrimal del ojo para corregir los defectos de vista. 📖 *Lente de contato*

LETRINA

Letrina *f.* Espacio, retrete o depósito en un baño que se usa para expulsar los excrementos y las aguas residuales. 📖 *Latrina*

Librecambio *m.* ECON. Doctrina económica que se basa en la libre circulación de capitales, mano de obra y mercaderías. 📖 *Livre-comércio*

Licencia *f.* Permiso o autorización, verbal o escrito, que permite hacer algo. 📖 *Licença*

Licenciado, da *m. y f.* Persona con un grado académico que le permite ejercer una profesión: *Soy licenciado en Filosofía y Letras pero no doy clases todavía.* 📖 **Formado, da.** *f.* Título académico que permite ejercer una profesión al finalizar los cursos universitarios. 📖 *Diploma*

Licuadora *f.* Eletrodoméstico de cocina que tritura alimentos como frutas y verduras: *Hazme un zumo de fresas en la licuadora.* 📖 *Liquidificador*

Líder *m. y f.* COM. Dirigente o jefe al que lo sigue un grupo de personas o de una sociedad: *Los profesores lo eligieron líder del equipo.* 📖 *Líder*

Liderazgo *m.* Condición superior y natural del líder. Primer puesto en una clasificación o en una competición escolar, laboral o deportiva. 📖 *Liderança*

Limón *m.* Fruto del limonero, ovalado, ácido, comestible, jugoso y extremadamente fragrante usado en la alimentación. 📖 *Limão*

Limpiabotas *m. y f.* COM. Persona que tiene por oficio limpiar y dar brillo a los zapatos. 📖 *Engraxate*

Limpiacristales *m. y f.* COM. Persona que tiene como oficio limpiar los cristales. 📖 *Limpador de vidros*

Limpiaparabrisas *m.* Mecanismo movido por un pequeño motor eléctrico de acción pendular, que limpia el vidrio del parabrisas de un coche, secando el agua de la lluvia o la nieve, permitiendo más visibilidad al que conduce. 📖 *Limpador de para-brisa*

Limusina *f.* Coche de lujo alargado, que se usa en ocasiones como casamientos, fiestas lujosas, etc.: *Los artistas van a la fiesta en una limusina negra.* 📖 *Limosine*

Litera 1. *f.* Mueble con dos o más camas colocadas una sobre otra: *A mí me gusta la parte de arriba de la litera.* 2. Cama fija de los camarotes de un barco, vagones de trenes y cuarteles: *A mí me gusta la litera de arriba.* AMÉR. Cucheta. 📖 *Beliche*

Litoral 1. *adj.* De la costa del mar o relativo a ella: *Pesca litoral.* 2. *m.* Orilla del mar: *Paseamos por el litoral de Bahía.* 3. *m.* Costa de un río: *Corrientes es una ciudad del litoral argentino.* 📖 *Litoral*

LL *f.* Fonema que era considerado la decimocuarta letra del alfabeto español y la undécima de sus consonantes. En este diccionario, según el criterio de la Real Academia Española, se ha englobado en la letra *l* (*ele*), siguiendo las normas de alfabetización universal. Su nombre es elle. 📖 *LL*

Llave 1. *f.* Pieza metálica que se usa para abrir o cerrar una cerradura: *Me* *olvidé las llaves en la mesa.* 📖 *Chave.* **2.** Herramienta que se usa para apretar o aflojar tuercas y tornillos. 📖 *Chave de fenda.* **3.** Pieza que regula el paso de la corriente eléctrica: *Baja la llave para encender la luz.* 📖 *Interruptor.* **4.** Instrumento que se usa en los relojes para darles cuerda. 📖 *Borboleta.* **5.** En escritura, signo usado para abarcar distintas líneas: *Hizo un diagrama de llaves.* 📖 *Chave.* **6.** Medio o clave que se utiliza para descubrir o resolver un enigma o incógnita: *Creo que hemos descubierto la llave para el suceso.* 📖 *Chave.* **7. DEP.** En artes marciales, movimiento que inmoviliza al contrario: *Le aplicó una llave de judo.* 📖 *Chave de braço.* **8. Llave de paso** *f. loc.* Pieza o llave que se intercala en un caño para cerrar, abrir o regular el paso de un líquido o gas: *La llave de paso del gas está en la cocina.* 📖 *Registro.* **9. Llave inglesa** *f.* Herramienta usada para apretar o aflojar tuercas o tornillos con un mecanismo que se adapta a diferentes medidas. 📖 *Chave inglesa.* **10. Llave maestra** *f.* Llave que sirve para varias cerraduras: *El celador tiene una llave maestra que abre todas las puertas del colegio.* 📖 *Chave mestra*

Llavero *m.* Objeto que se usa para guardar y juntar una cantidad grande de llaves. 📖 *Chaveiro*

Llegar 1. *intr.* Terminar una acción de desplazamiento: *¿Cuándo piensan llegar?.* **2.** Durar hasta un determinado momento: *La audacia del ladrón no va a llegar lejos.* 📖 *Chegar.* **3.** Lograr el fin a que se espera: *Ansiamos llegar a la resolución del conflicto.* 📖 *Terminar.* **4.** Con la preposición *a* y un infinitivo, lograr o producir la acción expresada por éste: *Llegaron a completar una recaudación record de donaciones.* **5.** Alcanzar cierta altura o extenderse hasta cierto punto: *Si llovía más el agua nos iba a llegar hasta la cintura.* **6. DEP.** En las carreras deportivas, alcanzar la línea de llegada: *Los keniatas llegaron en primer lugar.* **7.** Alcanzar una cantidad suficiente: *Le va a llegar el dinero justo para pagar las cuentas.* 📖 *Alcançar*

Llenar 1. *tr.* Ocupar un espacio por completo. También pronominal: *El teatro se llenó de visitantes.* 📖 *Encher.* **2.** Satisfacer: *Este libro no me ha llenado.* **3.** Colmar: *Esta comida llena todos mis deseos.* **4.** *pron.* Hartarse, comer o beber demasiado: *Me he llenado con mucha comida durante el almuerzo.* 📖 *Satisfazer*

Localización 1. *f.* Lugar determinado donde se halla alguien o algo: *Los choferes se encargan de la localización de los coches.* **2.** Delimitación, ubicación: *Localizar los errores es fundamental para poder resolverlos.* 📖 *Localização*

Locomotor,ra 1. *adj.* Mecanismo que crea un movimiento o un traslado. De la locomoción o relativo a ella: *El aparato locomotor.* 📖 *Locomotor,ra.* **2.** *f.* Máquina que rueda sobre rieles y arrastra los vagones de un tren: *Las primeras locomotoras funcionaban a leña o con carbón.* 📖 *Locomotiva*

Logotipo *m.* Distintivo o símbolo que diferencia una empresa, institución o sociedad: *El logotipo de mi escuela consiste en una estrella, una luna y dos letras.* 📖 *Logotipo*

LUGAR

Lugar 1. *m.* Espacio que puede ser ocupado por un cuerpo cualquiera: *En lugar del armario pondremos una mesa.* 2. Sitio, paraje: *Este lugar es bueno para descansar.* 📖 *Lugar.* 3. Momento, oportunidad, ocasión: *No hay lugar para indecisiones.* 4. Puesto, empleo: *Ocupa el lugar del albañil.* 6. Puesto que ocupa alguien o algo en un orden, lista o jerarquía, etc.: *Esta música ocupa el cuarto lugar en las preferencias.* 📖 *Lugar*

Lujo *m.* Riqueza, suntuosidad, abundancia en el adorno o en la pompa innecesarios. 📖 *Luxo*

M

M *f.* Decimotercera letra del abecedario español y décima de sus consonantes. Su nombre es *eme*. En la numeración romana representa el mil. Se escribe con mayúscula: MCMXCV es 1995 en la numeración romana. 📖 *M*

Macarrón *m.* Pasta hecha de harina de trigo con forma de tubo hueco: *Me gusta la sopa de macarrón.* 📖 *Macarrão*

Machete *m.* Tipo de arma blanca similar al cuchillo, de hoja ancha, que en la cocina se usa para deshuesar. También se usa para el corte de plantas. 📖 *Machete, facão*

Madrugada *f.* Espacio de tiempo del día que va desde la medianoche hasta el amanecer. 📖 *Madrugada*

Madurez 1. *f.* Sazón de los frutos. 📖 *Madureza*. 2. Sensatez. Se dice de la persona que demuestra buen juicio o prudencia. 📖 *Maturidade*

Magnetófono *m.* Aparato eléctrico reproductor y grabador de sonido. 📖 *Gravador*

Maleta *f.* Especie de caja hecha de tela, cuero o plástico, con una asa, que sirve para transportar ropa y otros objetos necesarios en viajes: *Lleva tus maletas siempre contigo.* 📖 *Mala*

Maletero,ra 1. *m. y f.* Persona que transporta maletas y objetos de viaje en los aeropuertos, estaciones u hoteles: *Este maletero trabaja en la estación de trenes.* 📖 *Carregador,ra.* 2. *m.* Espacio cerrado en el coche para guardar maletas, valijas y otros objetos: *Todos los autos modernos tienen un maletero grande.* 📖 *Porta-malas.* 3. *m.* Lugar para guardar mantas, maletas y otras cosas en el hogar. 📖 *Maleiro*

Mampara *f.* Panel de madera, vidrio u outro material, que divide un espacio o aisla una parte de la casa. 📖 *Boxe*

Mango 1. *m.* Árbol originario de la India, con fruta de sabor agradable y dulce, de hojas perennes; existente en los países de clima tropical. 2. *m.* fruto de este árbol. 📖 *Manga*

Mano corriente *f.* Documento contable que maneja el registro sistemático de los servicios prestados al cliente en un hotel. Equivale a un registro de ventas y de producción y de los clientes, que apunta el valor del servicio y el crédito pendiente. 📖 *Fatura*

Manta *f.* Pieza de tejido grueso que se usa en la cama para protegerse del frío. 📖 *Cobertor*

Manteca *f.* Manteca o mantequilla es el producto obtenido por el batido y la posterior maduración de la leche de vaca. 📖 *Manteiga*

Mantel *m.* Cubierta de tela, lino o plástico para cubrir la mesa donde se come. 📖 *Toalha de mesa*

Mantenimiento 1. *m.* Conservación de objetos, sistemas, maquinarias en un estado que permita su normal funcionamiento: *El buen mantenimiento de la casa es obligación de la familia.* 📖 *Manutenção.* 2. **Departamento de mantenimiento y seguridad** *m.* Sección del hotel, restaurante o empresa que dirige, conserva, realiza funciones de corrección o la gestión de los *stoks* del almacén de material. Control de seguridad de las instalaciones contra cualquier tipo de siniestro, incendios, inundaciones, robos, intoxicaciones alimenticias, etc., para que todo siga funcionando y en orden. 📖 *Departamento de manutenção*

Mantequera *f.* Vasija en la que se sirve la manteca en la mesa: *La mantequera está llena.* 📖 *Mantegueira*

Manzana *f.* Fruto redondo, comestible, con la piel fina, de color verde, amarillo o rojo, con la pulpa blanca, de sabor dulce o ácido, y que posee en el centro semillas pequeñas de color marrón. 📖 *Maçã*

Mapa *m.* Representación selectiva y simbólica de la Tierra o de parte de ella en un dibujo de superficie plana. 📖 *Mapa*

Maracuyá *m.* Planta trepadora originaria de Centroamérica. Fruto de la pasión. 📖 *Maracujá*

Marchar 1. *intr.* Partir, irse o retirarse de un lugar. 2. Término que se utiliza en la cocina para comenzar la preparación de un plato. 📖 *Ir, andar*

Mariscada *f.* Comida elaborada con diversos mariscos crudos, que se cocinan todos juntos. 📖 *Mariscada*

Marmita *f.* Recipiente de metal, semejante a una olla, con tapa ajustada, que posee una a dos asas, usado en la cocina. También conocido como *olla a presión*. 📖 *Panela de pressão*

Masa *f.* Se dice de la cantidad de materia que contiene un cuerpo. Su unidad en el Sistema Internacional es el kilogramo. 📖 *Massa*

Matrícula 1. *f.* Documento en que se acredita una inscripción, lista o catálogo. 2. Conjunto de alumnos que se han inscripto en una escuela. 3. Acción y efecto de inscribir o matricularse. 4. Placa que llevan los vehículos para indicar lugar de procedencia. También conocida como chapa. 📖 *Placa, identificação*

Mayordomo *m.* Persona encargada en gobernar una casa o una hacienda. 📖 *Mordomo*

Mayorista 1. *m.* y *f.* com. Cadena comercial que vende al por mayor. 2. Comerciante intermediario entre el fabricante y el minorista. 3. *adj.* Se dice del comercio en que se vende o compra al por mayor. 4. Intermediario turístico que adquiere paquetes de viajes o de hospedaje al por mayor y directamente de los operadores de transporte y de los establecimientos de hospedaje. 📖 *Atacadista*

Melocotón *m.* 1. También llamado *durazno*, fruto de este árbol. Fruto de olor agradable, esférico, de seis a ocho centímetros de diámetro, velloso, de color amarillo con manchas rojas, pulpa amarillenta, y adherida a un carozo pardo, duro y rugoso, que guarda una almendra amarga. 📖 *Pêssego*

Melón 1. *m.* Fruto anual de la melonera. De origen indefinido en Asia Central o África. Crece en climas cálidos y no muy húmedos, y necesita mucha luz. 2. *m.* Fruto de esta planta. 📖 *Melão*

Mensaje *m.* Aviso, encargo, misiva, recado que se envía o se deja a otra persona. Puede ser por escrito, telefónico o vía internet. 📖 *Mensagem*

Mensajero,ra *m.* Persona encargada de llevar cartas, paquetes urgentes y mensajes a su destino, dentro de la misma ciudad: *El mensajero es muy eficiente y llega muy rápido.* 📖 *Mensageiro,ra*

Menú 1. *m.* Término en francés que significa la lista de los diferentes platos que componen un almuerzo o una comida ofrecida por un restaurante. El término también se usa para designar los platos de la comida familiar. 2. Carta de los restaurantes que contiene los nombres de las comidas que serán servidas durante el día. 📖 *Menu*

MERCOSUR *m.* Sigla que significa *Mercado Común del Sur de América.* Acuerdo de libre cambio creado en 1991 por Argentina, Brasil, Paraguay y Uruguay. 📖 *Mercosul – Mercado Comum do Sul*

Merendero *m.* Establecimiento destinado a ofrecer merienda o comidas regulares. 📖 *Área para lanche*

Mesilla *f.* Mesa o mueble pequeño que suele tener cajones, y que se usa al lado de la cama como mesita de noche o de luz. 📖 *Criado-mudo*

Mezclar 1. *tr.* Unir, juntar, incorporar cosas distintas. 2. Desordenar, revolver: *No mezclen el azúcar con la sal.* 3. **pron.** Introducirse entre los otros: *Se mezcló con el grupo y se fue de la ciudad.* 4. Intervenir, participar: *Le gusta mezclarse en todo lo que pasa en la iglesia local.* 5. Etnias, familias o linajes que se enlazan unos con otros: *En Brasil y Cuba hay una mezcla de pueblos.* 📖 *Misturar*

Miga *f.* Trozo pequeño de pan o de cualquier otro alimento. 📖 *Migalha*

Milla *f.* Medida itineraria, equivalente a 1.852 m, 1,85 km, o 1/3 de legua, que posee valores de acuerdo con su uso, en aviación y marina. Medida también usada en el transporte aéreo. 📖 *Milha*

Minorista 1. *adj.* Relativo al comercio al por menor: *Los bares y las librerías son establecimientos minoristas.* 2. *Com.* Comerciante que vende al por menor. 📖 *Varejista*

Mise en place voz franc. *adj.* 1. Expresión francesa que se usa en la gastronomía para indicar ingredientes listos para ser cocinados. 📖 *Mise en place.* 2. Expresión usada en hostelería para indicar la puesta de las mesas, a punto para el servicio del restaurante. 📖 *Pôr a mesa*

Mojo *m.* Salsa o caldo de un guiso que tiene una consistencia liviana. Se usa para acompañar cualquier tipo de comida. 📖 *Molho*

Moneda *f.* 1. Pieza resistente, hecha de metal y acuñada en forma de disco, que sirve de medida común de compra, venta y cambio por su valor efectivo o determinado: *Antes de las tarjetas los teléfonos públicos funcionaban con monedas.* 📖 *Moeda.* 2. Unidad monetaria de un estado o confederación de estados: *Hasta nacer el Euro, la peseta era la moneda española.* 📖 *Moeda, unidade monetária*

Monumento *m.* Construcción pública de arquitectura, escultura o grabado de valor artístico o histórico, hecha para homenagear a una persona importante, un acto patrio o una fecha nacional. 📖 *Monumento*

Motel *m.* Establecimiento público generalmente situado en rutas, con pequeños departamentos que se suele ofrecer por una noche: *Durante el viaje nos quedamos en un motel para pasar la noche.* 📖 *Motel*

Motocross voz ingl. *f.* Modalidad de motociclismo a través del campo o por circuitos artificiales muy accidentados. 📖 *Motocross*

Motor *m.* Aparato que convierte otras formas de energía en movimientos mecánicos y hace funcionar a un vehículo o a cualquier otro tipo de máquina. 📖 *Motor*

Mozo *m.* 1. Persona de nivel operacional de la conserjería de un hotel, encargada de los equipajes. 📖 *Servente.* 2. ARGENT. Camarero, persona que atiende en un bar o restaurante. 📖 *Garçom*

Muelle *m.* Construcción a orillas del mar o de un río para facilitar el embarque y el desembarque de personas y de mercaderías: *Las mercancías llegaron por el muelle del río Ambar.* 📖 *Cais*

Museo *m.* Se dice de una institución pública o privada donde se guardan y exponen al público colecciones y objetos de valor científico, artístico, cultural, o para el conocimiento humano: *En Brasil hay museos de arte variados.* 📖 *Museu*

N

N *f.* 1. Decimocuarta letra del alfabeto español. 2. Símbolo químico del nitrógeno. 3. MAT. Número indefinido o indeterminado, por ejemplo: 5n. 📖 *N*

Nabo *m.* Planta hortícola de tallo subterráneo carnoso, de color blanco, usado como alimento: *Los nabos no son muy ricos para algunos.* 📖 *Nabo*

Nacionalidad *f.* Pertenencia jurídica de las personas a una nación: *Neymar tiene nacionalidad brasileña.* 📖 *Nacionalidade*

Nafta 1. *f.* Mezcla líquida y fracción liviana del petróleo natural. Incolora, se obtiene con la destilación de la gasolina. Sus variedades son usadas como materia prima o como disolventes en la petroquímica. 📖 *Nafta.* 2. En algunos países se llama gasolina. 📖 *Gasolina*

Naranja *f.* Fruta cítrica comestible, fruto del naranjo. Redonda, carnosa y de cáscara más o menos gruesa. Cáscara y pulpa de color entre rojo y amarillo; interior jugoso, dividido en gajos, y de sabor agridulce. 📖 *Laranja*

Náutica *f.* Ciencia y arte de la navegación. 📖 *Náutica*

Navegable *adj.* Río, laguna, lago o canal suficientemente profundo, donde se puede navegar: *El río São Francisco es navegable en 1.371 km.* 📖 *Navegável*

Navegación *f.* Viaje que se hace por el aire o por vía acuática, en cualquier tipo de embarcación. Tiempo que dura el viaje: *La navegación por el río São Francisco es muy interesante y agradable.* 📖 *Navegação*

Navegar 1. *intr.* Desplazarse en cualquier tipo de embarcación por el mar, río o lagos: *El velero navega sin motores, solo por la acción del viento.* 2. Viajar por el aire en globo, avión u otro tipo de nave aérea. 3. Conducir o manejar una nave: *Los transatlánticos siguen diferentes cursos para navegar el océano.* 4. Utilizar una red informática para desplazarse por internet de una página a otra: *Navegó por la red todos los días hasta conocer las nuevas informaciones.* 📖 *Navegar*

Navidad 1. *f.* Festividad más importante del cristianismo que se celebra el 25 de diciembre de cada año. 2. Fiesta en la que se recuerda el nacimiento de Jesucristo. 📖 *Natal*

Naviero *m.* Persona física o jurídica que posee un buque que navegue en alta mar o en las costas fluviales o marítimas, con el que realiza transporte de personas y flete marítimo o fluvial. 📖 *Dono de navio*

Navío *m.* Buque; embarcación de gran tamaño y potencia, con cubierta, que navega sobre las aguas oceánicas o fluviales, de cabotaje o ultramar, movido por fuerza motriz. 📖 *Navio*

Nebuloso,sa 1. *adj.* Tiempo cubierto de nieblas, poco claro. 2. Confuso, sin certezas. 📖 *Nublado,da*

Necesidad 1. *f.* Indispensable para que algo ocurra. Impulso irresistible para que algo obre infaliblemente en cierto sentido. 2. Una cosa que es imprescindible, que falta. 3. Carencia de lo que no se puede prescindir. 4. Falta repetida de alimentos, de nutrientes o vitaminas que hace desfallecer. 📖 *Necessidade*

Neumático *m.* Pieza circular, llena de aire o gas a presión, que se pone sobre la llanta de una rueda. 📖 *Pneu*

Nevera *f.* Heladera o refrigerador. Aparato eléctrico que sirve para conservar fríos los alimentos y las bebidas: *Esta nevera enfría demasiado los alimentos.* 📖 *Geladeira*

Niebla *f.* Suspensión de gotas pequeñas en forma de gas o nube localizada directamente sobre el suelo: *En Salvador hay niebla casi todos los días.* Neblina. 📖 *Névoa, neblina*

Nieve *f.* Agua congelada que se suelta de las nubes en la forma de cristales muy pequeños y que cae al suelo en forma de copos de color blanco. 📖 *Neve*

Nivel de vida *m.* Medida del grado de bienestar material, lograda por los habitantes de un país, por una jerarquía o clase social, o por los individuos que practican una misma actividad, oficio o profesión, etc. El nivel de vida depende de la relación con las posibilidades económicas que los individuos poseen, o con normas o prejuicios sociales. 📖 *Nível de vida*

Nochebuena *f.* Celebración del día 24 de diciembre, en la noche que antecede al nacimiento de Jesucristo. 📖 *Véspera de Natal*

Nochevieja *f.* Nombre que se da en España a la fecha que se conmemora la última noche del año. Día 31 de diciembre. 📖 *Réveillon*

Nocturno,na 1. *adj.* Que ocurre durante la noche: *Estudia en una escuela nocturna.* 2. ZOOL. Se aplica también a los animales que duermen durante el día y cazan a la noche; también a algunas plantas que solo abren sus flores a la noche. 📖 *Noturno,na*

Nordeste 1. *m.* También llamado Noreste, es el punto del horizonte que queda entre el Norte y el Este. Se abrevia NE. 2. Viento que sopla de esa parte del horizonte. 📖 *Nordeste*

Núcleo 1. *m.* Punto o parte más central o más importante de algo, material o inmaterial, que forma un conjunto.

2. **fís.** Parte central del átomo, de carga eléctrica positiva y que contiene la mayor parte de la masa atómica. 3. Aglomeración de habitantes en ciudades: *Núcleos de población.* 📖 *Núcleo*

Núcleo turístico *m.* Se dice de toda instalación turística creada para explotar varios actrativos en un lugar geográfico – pueblo, ciudad, estado, provincia, región o país –, que puede ser receptora y generar una oferta de productos y servicios turísticos basada en sus recursos e infraestructuras. 📖 *Polo turístico*

Nudo 1. *m.* Entrelazamiento de uno o más hilos, cuerdas o cuerpos flexibles, de tal modo que no sea fácil deshacerlo o separar las partes. 2. **mar.** Recorrido de la navegación que se mide usando esta división. 3. **mar.** Unidad de velocidad utilizada en barcos y aviones, equivalente a una milla náutica/h., o 1.852 metros por hora. 4. Dificultad sin solución. 📖 *Nó*

O

O 1. *f.* Decimosexta letra del abecedario español y cuarta de sus vocales. Plural *oes.* 2. *conj.* Denota diferencia, separación o alternativa entre dos o más personas, cosas o ideas: *María o Roberto.* Suele preceder a cada uno de dos o más términos contrapuestos: *Vendrá por la noche o a la mañana.* Expresa equivalencia: *Rodrigo Díaz de Viva, o El Cid Campeador, no es un personaje de ficción.* Se usa para separar dos cifras: *8 o 15.* 📖 *O*

Ocio 1. *m.* Descanso o pausa concedida después de un trabajo o una actividad: *El ocio ayuda a combatir el estrés.* 📖 *Ócio.* 2. Diversión que se elige para los momentos de tiempo libre. 📖 *Lazer*

Ocupación hotelera *f.* Análisis que mide la ocupación y la oferta hotelera en relación a la demanda de uso. 📖 *Ocupação hoteleira*

Oferta turística *f.* Conjunto de productos y bienes de servicios ofrecidos a los turistas por las empresas del ramo del turismo. Estos productos y servicios tienen precios establecidos en el mercado turístico. 📖 *Oferta turística*

Oficina *f.* Lugar donde se realizan trabajos administrativos, públicos o particulares. 📖 *Escritório*

Oficina de turismo *f.* Local donde se presta servicio de información y de promoción turística para atender a los viajeros y a las empresas, organizaciones e instituciones del sector. Puede ser un servicio público y gratuito dependiente del lugar donde está ubicado. Creada para facilitar la información y orientación sobre los recursos, las actividades y la oferta turística con sus servicios, horarios, etc. 📖 *Posto de informações turísticas*

Oficinista *m. y f.* COM. Alguien que trabaja en una oficina. 📖 *Empregado de escritório*

Office **de pisos** *m.* Habitación u oficina de trabajo, donde los camareros de pisos guardan los útiles del trabajo que realizan. Sirve también para poner a punto los servicios de restaurantes. 📖 *Depósito*

Olla *f.* Recipiente de cerámica o metálico, con una o dos asas, boca ancha y tapa, utilizado para cocinar. 📖 *Panela*

OMT – **Organización Mundial de Turismo** *f.* Organización internacional formada en 1975, como organismo especializado dependiente de la ONU. Sucesora de la Unión Internacional de Organismos Oficiales de Turismo (UIOOT). Está basada en Madrid. 📖 *Organização Mundial do Turismo*

Ordenador *m.* INFORM. Aparato electrónico que recibe y procesa datos, a través de programas informáticos, para transformarlos en informaciones útiles. También llamado *computadora* en América. 📖 *Computador*

Ordenanza 1. *m.* Disposición legal de norma jurídica detallando una ley: *Estudiaremos mejor las ordenanzas laborales de los hoteles brasileños.* 📖 *Regulamento.* 2. *m. y f.* Empleado que es subalterno en ciertas empresas y tiene el encargo de transmitir órdenes o desarrollar tareas de vigilancia o de portería. 📖 *Auxiliar*

Organizar *tr.* Establecer un orden o estructurar la realización de un trabajo, distribuyendo convenientemente los recursos humanos y materiales, dándoles funciones: *Nos encargamos de organizar todos los papeles del congreso.* 📖 *Organizar*

Orilla 1. *f.* Extremo, final, arista, borde, margen o límite de una superficie. 2. *f.* Específicamente, en geografía, es el límite o borde de tierra que separa un territorio de un río, del mar o de un lago. 📖 *Margem, orla, borda*

P

P *f.* Decimoséptima letra del abecedario español. Su nombre es *pe*. El plural es *pes*. 📖 *P*

Pabellón *m.* Espacio que se construye destinado a feria comercial o exposiciones, donde se exhiben productos que, a veces, son comercializados allí mismo. También se usa el término inglés *stand*. 📖 *Pavilhão*

Paella *f.* Plato típico de la culinaria española, principalmente de la cocina valenciana, que se prepara a partir del arroz y mariscos, con diversas variantes según la región. Es uno de los platos más conocidos de la gastronomía española. 📖 *Paella*

Pago *m.* Entrega de dinero o valor equivalente como modo de extinguir una deuda, compensar un servicio o trabajo realizado, o por un bien recibido: *El día diez será el pago de la segunda quincena.* 📖 *Pagamento*

Paisaje 1. *m.* Lugar panorámico que se considera digno de ser observado: *Paramos entre Catamarca y La Rioja para apreciar el paisaje.* 2. Cuadro o fotografía que representa esa extensión panorámica: *Mi tío tiene una colección de acuarelas de paisajes.* 📖 *Paisagem*

Paje *m.* Se llamaba al empleado que trabajaba a servicio del rey. Empleado de la conserjería, mensajero o botones. 📖 *Pajem, criado*

Palacio *m.* Edificio grande y suntuoso destinado a residencia de gobernadores o personas de gran poder aquisitivo: *La familia real vive en un gran palacio.* 📖 *Palácio*

Panadería *f.* Establecimiento destinado a la venta de panes, farináceos y otros alimentos: *En esta panadería se compra pan de queso.* 📖 *Padaria*

Pancarta *f.* Trozo de papel o de tela de gran tamaño donde se escribe o dibuja mensajes reivindicativos para mostrar en manifestaciones sindicales o políticas: *Los estudiantes llevaban pancartas de protesta contra el aumento de precios del transporte público.* 📖 *Cartaz.*

Panel *m.* 1. Parte prefabricada del vehículo, al lado del volante, donde aparecen los indicadores o los controles. 📖 *Painel.* 2. Reunión entre varias personas para discutir sobre un tema.

Pantalla 1. *f.* Superficie o lámina grande donde se proyectan imágenes de cine, televisión o fotografía. 2. Superficie donde aparecen imágenes en ciertos aparatos electrónicos y de telefonía. 3. Pieza que cubre las lámparas eléctricas para matizar la intensidad de luz. 📖 *Tela*

Papaya *f.* Fruto comestible del papayo, de forma alargada, hueco, de color amarillo anaranjado con semillas en su concavidad. Con él se suele hacer, cuando está verde, dulces y confites. 📖 *Mamão papaia*

Paquete turístico *m.* Producto turístico que se comercializa en agencias de viajes, en el que se incluye un conjunto de servicios de hospedaje, con alimentación y transporte. El cliente abona en una única cuenta el precio por todos los servicios que la agencia le presta. 📖 *Pacote turístico*

Parabrisas *m.* Vidrio fijo, central y permanente que queda en la parte delantera del coche, para proteger al conductor y a los viajeros de la acción del viento, del sol o del frío. 📖 *Para-brisa*

Paracaídas *m.* Pieza diseñada para frenar la caída cuando en el aire. Hecho de lona liviana y fuerte, en forma rectangular, sujetado con cuerdas de seguridad a un cuerpo u objeto que, cuando se suelta en el aire, desde una cierta altura, se abre para caer lentamente, regulando la velocidad de descenso del cuerpo y evitando daños. 📖 *Paraquedas*

Paracaidismo *m.* Técnica del salto con paracaídas, que se pude realizar desde un avión, helicóptero o globo aerostático, con finalidades recreativas, de competición, maniobras militares o de transporte de personal en áreas de dificultad de accesos. 📖 *Paraquedismo*

Parada de autobús *f.* Puntos intermedios determinados dentro del recorrido de los autobuses u ómnibus de transporte público para detenerse y llevar viajeros hasta su lugar de destino. 📖 *Ponto de ônibus*

Parador *adj.* Parador Nacional de Turismo en España, cierto tipo de establecimiento hotelero dependiente del estado. Están ubicados en edificios emblemáticos, selecionados por su interés histórico, artístico o cultural: *En mi próximo viaje dormiré en algunos de los Paradores Nacionales.* 📖 *Hotel*

Paragolpes *m.* Autoparte localizada en las partes delantera y trasera exterior de los vehículos para amortiguar los daños producidos por un choque. 📖 *Para-choque*

Parapente *m.* Actividad deportiva de aventura que consiste en el lanzamiento o descenso planeado, en un vuelo controlado, desde el alto de una montaña en vuelo libre con paracaídas. 📖 *Parapente*

Pareja *f.* Par de personas con una relación afectiva, o animales de la misma especie, macho y hembra, o un conjunto de dos cosas: *Los alumnos trabajarán en parejas.* 📖 *Casal*

Parrillada *f.* Variedad de alimentos (mariscos, carnes o pescados) asados en una parrilla o barbacoa. 📖 *Churrasco*

Pasajero,ra 1. *m. y f.* Toda persona que viaja en uno de los medios de transporte, como tren, taxi, barco, avión, etc. 2. *adj.* Transitorio, que dura poco tiempo. 📖 *Passageiro,ra*

Pasante 1. *adj.* Que pasa. 2. *m. y f.* Cliente de un hotel que no está alojado, pero que recibe servicios de bar, café, restauración u otros de características similares. 📖 *Passante*

Pasaporte *m.* Documento o licencia de validez legal internacional, que identifica a su portador titular y es expedido por las autoridades competentes del estado, que establece la identidad de su titular, certificando su nacionalidad, y que acredita un permiso de salida y entrada de sus fronteras, por los puertos y aeropuertos, para dirigirse a otros estados extranjeros. Los pasaportes tienen validez temporal y geográfica. 📖 *Passaporte*

Paseo 1. *m.* Lugar o sitio público donde pasean las personas. 2. Acto o acción de pasear. 📖 *Passeio*

Pastel *m.* Tipo de dulce de pequeño tamaño que puede llevar crema, chocolate, frutas u otros componentes: *Me compré un pastel de crema muy rico.* 📖 *Torta*

Peine 1. *m.* Utensilio plano, formado por una barra con púas o dientes, utilizado para peinar el cabello: *El peine está roto.* 2. Barra con púas, entre las cuales pasan en el telar los hilos de la urdimbre. 3. Pieza metálica que, en algunas armas de fuego, contiene los proyectiles. 📖 *Pente*

Pensión 1. *f.* Pago temporal o vitalicio, que paga la seguridad social de acuerdo con las leyes en cada país, por diversas razones, entre ellas: jubilación, viudedad, orfandad o incapacidad. 2. Tipo de alojamiento en habitaciones, con o sin comedor, y/u otros servicios complementarios, y que, debido a su estructura y características, no alcanza los niveles exigidos y por lo tanto no puede ser considerado hostal o establecimiento hotelero. 📖 *Pensão*. **Pensión completa** *adj.* Servicio completo que ofrece un hotel, que incluye alojamiento y pensión alimenticia con desayuno, almuerzo y cena. 📖 *Pensão completa*. **Media pensión** *adj.* Servicio en un establecimiento hotelero que ofrece alojamiento y dos de las tres comidas elegidas por el cliente. 📖 *Meia pensão*

Pepino 1. *m.* Originario del sudeste de Asia, es una planta herbácea anual, con tallos blandos, rastreros, con flores amarillas, separadas las masculinas de las femeninas, y con fruto pulposo, cilíndrico, de seis a doce centímetros de largo, amarillo cuando está maduro (o verde claro en su exterior y blanco en su interior) y con semillas ovaladas, pontiagudas, chatas y pequeñas. Es comestible. 2. *m.* Fruto de esta planta. 📖 *Pepino*

Pera (Forma *f.* del lat. *pirum*) *f.* Fruto comestible del peral. 📖 *Pera*

Percha *f.* Utensilio de madera o metal de forma generalmente triangular que sirve como soporte, y lleva un gancho en su parte superior, para colgar la ropa. 📖 *Cabide*

Pernoctar *intr.* Permanecer por una noche en un establecimiento hotelero o extrahotelero. 📖 *Pernoitar*

Pesca deportiva *f.* Actividad particular, personal o en equipo, que se realiza sin fines de ganancia, por ocio o para una competición lúdica, con variedad de estilos. Es gestionada por diferentes federaciones de pesca que reglan el uso de aparatos y tamaños según las especies. 📖 *Pesca esportiva*

Pescado *m.* Se refiere a los peces comestibles pescados en el agua de los ríos, mares, lagos u océanos, utilizados para la alimentación, por cualquier método de pesca. 📖 *Peixe, pescado*

PIB *m.* Medida macroeconómica que corresponde a la suma del valor de todos los bienes y servicios finales producidos en un país durante un período determinado de tiempo que suele ser, normalmente, un año. Su cálculo se encuadra dentro de la contabilidad nacional y es usado como medida de bienestar material de una sociedad. El nombre proviene de las siglas de Producto Interno Bruto. También se llama PBI o Producto Bruto Interno. 📖 *PIB*

Pinche de cocina *m.* COM. Empleado de nivel operacional del departamento de cocina de un hotel o restaurante, que auxilia a los cocineros en distintas labores. Es un ayudante que cumple las tareas específicas que le asigna el chef a cargo, generalmente en período de aprendizaje. 📖 *Ajudante de cozinha*

Pileta *f.* 1. Pieza de losa u otros materiales, cóncava y profunda, que recibe agua de una canilla para el aseo en el baño o lavatorio; sirve para lavar comidas en la cocina, o para la ropa en el lavadero. 2. *f.* AMER. Pila de cocina o de lavar. 📖 *Pia*

Pimiento 1. *m.* También llamado *ají* en América del Sur, es una planta herbácea, que forma parte de la dieta americana, con flores blancas y cuyo fruto es en baya hueca, muy variable en forma y tamaño, pero generalmente cónico, terso en la superficie, de vários colores (verde, rojo o amarillo). 2. *m.* Fruto comestible de esta planta. 📖 *Pimentão*

Piña *m.* También llamado *ananá* o *ananás*, es una planta de la familia de las bromeliáceas, de hojas rígidas, bordes espinosos y puntas agudas; fruto grande en forma ovalada, carnoso, amarillento, jugoso y terminado en un penacho. 📖 *Abacaxi*

Piragüismo *m.* Deporte acuático que consiste en navegar en una piragua o canoa cerrada, normalmente de madera o fibra de vidrio, e impulsionada a fuerza de remos por un número de personas entre una y cuatro, pero nunca tres. Las embarcaciones más utilizadas son el kayak y la canoa, movidas respectivamente por remos de dos hojas y de una pala simple, de una hoja. 📖 *Canoagem*

Piso 1. *m.* Nombre dado en España a la vivienda privada en un edificio de propiedad horizontal o de varias plantas: *Vivo en el piso 12*. También llamada *departamento* o *apartamento* en América. 📖 *Apartamento*. 2. Cada una de las plantas de un edificio o de otra construcción: *María vive en el cuarto piso*. 📖 *Andar*.

PLANCHA

3. Revestimiento de madera o piedra natural, o artificial de cerámica, cemento o plástico de las habitaciones, calles, caminos, etc.: *El salón comedor tiene el piso de parquet.* 📖 *Piso.* 4. Suela, parte del calzado que toca el suelo: *He comprado unas botas con piso de goma.* 📖 *Sola.* 5. GEOL. Unidad básica de estratos, cuyos materiales se han constituído a lo largo de una misma edad o período geológico. 📖 *Andar.* 6. Unidad o sección de un hotel o alojamiento similar que presta servicios de limpieza y preparación de las habitaciones, mantenimiento del mobiliario, limpieza de corredores, salas y zonas comunes. 📖 *Departamento de andares*

Plancha *f.* Aparato electrodoméstico formado por una base pesada de metal con forma triangular, con una cara inferior lisa y un mango o asa horizontal, que se calienta para alisar las arrugas a la ropa: *¿Puedo pasar la plancha a esta camisa azul?* 📖 *Ferro de passar roupa*

Planchador,ra *f.* Empleado que tiene el oficio de planchar la ropa en el departamento de lencería y lavandería del hotel u hostería. 📖 *Passadeira*

Planificación *f.* Proceso metódico pensado para obtener determinados objetivos. Implica en tener uno o varios objetivos a realizar, junto con las acciones necesarias para obtener el fin que se determina. 📖 *Planejamento*

Plantilla *f.* Conjunto de los empleados fijos de una empresa, privada o pública. En América, *planilla.* 📖 *Quadro de pessoal*

Plato 1. *m.* Cantidad de alimento preparado para ser consumido: *Comió pescado de segundo plato.* 📖 *Preparação culinária.* 2. Pieza baja, redonda, cóncava en el medio, y con un borde generalmente plano alrededor. Se emplea en la mesa para servir las comidas. Puede ser plano, para ensaladas, carnes, pescados, etc. u hondo para sopas. 📖 *Prato*

Población *f.* Grupo de personas que habitan en un lugar determinado y tienen características similares: *La mayor parte de la población brasileña es católica.* 📖 *População*

Poblado *m.* Lugar donde habita un conjunto de personas o animales: *En aquel poblado hay muchas opciones de paseo.* 📖 *Povoado*

Polizón,na *m. y f.* COM. Persona que viaja en un barco sin autorización o de forma oculta e ilegal. 📖 *Clandestino,na*

Pollo *m.* Gallo o gallina joven que nace de un huevo de ave y, en especial, el de la gallina. 📖 *Frango*

Portaequipajes *m.* Espacio cerrado y reservado en un vehículo para llevar valijas y otros objetos que no caben en el interior. Hay algunas opciones que se arman encima del auto. 📖 *Porta-malas*

Portero,ra 1. *m. y f.* Persona empleada para cuidar de la puerta de un edificio, hotel u otros. 📖 *Porteiro,ra.* 📖 *m. y f.* Jugador que en algunos deportes defiende de la portería de su equipo. 📖 *Goleiro,ra*

Postre *m.* Dulces o frutas que se sirven al final de las comidas. 📖 *Sobremesa*

Prefactura *f.* Documento comercial enviado al cliente antes de la entrega de las mercaderías, donde se detallan el precio y las condiciones de la compraventa. 📖 *Fatura pró-forma*

Prejuicio *m.* Juicio u opinión negativos, que se forman, sin motivos, antes de conocer a una persona o cosa. 📖 *Preconceito*

Presupuesto 1. *p. p. irreg.* de presuponer. 2. *m.* Cálculo que se hace por anticipado sobre las ganancias y los gastos de un negocio privado o una actividad pública: *Presupuestos del estado.* 3. Cantidad de dinero que se calcula para desarrollar un proyecto de vida personal o pública: *Es necesario un presupuesto mensual detallado para ese viaje.* 📖 *Orçamento*

Producto turístico *m.* Conjunto de actividades y productos tangibles e intangibles, ofrecidos en un determinado destino turístico. El turista compra la combinación de actividades. 📖 *Produto turístico*

Programa 1. *m.* Plan o proyecto de lo que se quiere realizar: *Elaboraré el programa de obras del municipio.* 2. Sistema de distribución de las asignaturas de un curso: *El programa propone prácticas en campo.* 3. Texto con el contenido, las partes, guión, reparto y equipo técnico de un espectáculo. 4. Impreso con este texto: *¿Me prestas el programa de la obra de teatro?.* 5. Cada uno de los momentos temáticos en que se divide una emisión de radio o de televisión: *No me gustan los programas de modas.* 6. *INFORM.* Conjunto de instrucciones que permite que un dispositivo informático efectúe una serie de operaciones: *Tiene un programa de alarma propio.* 📖 *Programa*

Promedio *m. MAT.* Punto medio de una medida. Número igual a la media de un conjunto de cantidades. 📖 *Média*

Promoción *f.* Acción y efecto de fomentar o promover un producto, un servicio, una idea o una persona 📖 *Promoção*

Propina *f.* Gratificación que el consumidor o cliente entrega a una persona, por agradecimiento, por la prestación de un servicio bien hecho. En la mayoría de los lugares, el cliente decide si debe o no dar propina. 📖 *Gorjeta*

Prorrata *f.* Cuota o porción que toca recibir o pagar a cada uno de los participantes en un reparto, no igualitario y sino relativo a determinados cálculos. 📖 *Bônus*

Proyecto *m.* Conjunto de instrucciones, cálculos y dibujos necesarios para ejecutar y alcanzar objetivos específicos de acuerdo con un tiempo propuesto, calidades establecidas y un presupuesto de costos y beneficios. 📖 *Projeto*

Puente 1. *m.* Construcción sobre un río, desnivel, zanja, badén o cualquier otra depresión del terreno que permite salvar un accidente geográfico u obstáculo físico con un camino o una vía férrea. 2. **Puente colgante** *m.* Puente que está sujeto a grandes columnas por medio de cables o cadenas de hierro o acero: *Dicen que construirán un puente colgante sobre la Bahía de Todos los Santos.* 📖 *Ponte*

Puente aéreo *m.* Comunicación entre dos ciudades o lugares por los que se desplazan los viajeros en avión, muy frecuentemente, en varios vuelos diarios. 📖 *Ponte aérea*

Puerta 1. *f.* Vano de forma rectangular en una pared, desde el piso hasta una altura de 2,10 m, para poder entrar y salir. 2. Placa de madera, hierro u otro material que se ajusta al vano de modo a abrirla o cerrarla: *Mamá quiere cambiar todas las puertas y ventanas de la casa.* 3. Una abertura que sirve para entrar y salir de un objeto o lugar: *No cerraste bien la puerta del auto.* 📖 *Porta.* 6. **A las puertas** *loc.adv.* De modo inmediato o inminente; muy cerca de algo: *La empresa estuvo a las puertas de la quiebra.* 7. **A puertas cerradas** *loc. adj. y adv.* En secreto: *La destitución de los culpados ocurrió a puertas cerradas.* 8. **Dar con la puerta en las narices** *loc. col.* Negar, rechazar de modo brusco: *Pidió un descuento en el alquiler, pero le dieron con la puerta en las narices.* 9. **De puertas adentro** *loc. adv.* En privado: *Tratemos la cuestión de puertas adentro, sin que se entere la competencia.* 10. **Puerta a puerta** *loc. adj. y adv.* Modalidad de venta casa a casa, sin agendar visitas previas: *Jorge vende enciclopedias puerta a puerta.* Forma de transporte que lleva las mercancías directamente del remitente al destinatario: *La transportadora ofrece un servicio de entregas puerta a puerta.*

Puerto *m.* Espacio o lugar en la costa, destinado al flujo de mercaderías, personas, informaciones y que ofrece abrigo y seguridad a diversos tipos de embarcaciones que realizan trabajo diario. 📖 *Porto*

R

R *f.* Decimonovena letra del abecedario español. Fonéticamente representa dos sonidos, uno simple, de una sola vibración sonora, como en *caro*, y otro múltiple, o con dos o más vibraciones, como en *carro*. Para el primero se emplea una sola *r*: *ardor, Sara.* Para el segundo se emplea también una sola *r* cuando va al principio de la palabra: *Rosa, radio*; siempre que la *r* va después de *b*, sin formar una sílaba: subrogar, o detrás de *l*, *n* o *s*: malrotar, Enrique, Isráel; o doble *r* en cualquier otro caso: *cerro, perro*. Su nombre es *erre*, aunque también se llama *ere* cuando se quiere hacer notar que representa el sonido simple. 📖 *R*

Ración 1. *f.* Porción de alimento distribuida a cada persona. 📖 *Ração*. 2. Porción pequeña de comida que se vende a un precio bajo en bares y restaurantes: *¿Me pides una ración de salame?* 📖 *Porção*

Rafting *voz INGL. m.* Deporte de acción en el que se desciende por las corrientes rápidas de un río de fuertes desniveles y con rocas, usándose botes, kayaques o balsas neumáticas. 📖 *Canoagem*

Raid de aventura *m.* Deporte de aventura que se practica individualmente o en equipo, involucrando dos o más disciplinas de resistencia. 📖 *Corrida de aventura*

Railpass *voz INGL. m.* Tarjeta o boleto para viajes sin límites de kilometraje por un período determinado de tiempo a precios reducidos. La compra debe ser hecha en el país de origen. Las tarjetas más conocidas son: *AmericanPass, Eurailpass, Usarail Pass, Canrail Pass, etc.* 📖 *Cartão internacional para viajar em trem*

Ramadán *m.* Noveno mes del año lunar musulmán. Por sus tradiciones, los musulmanes practican el ayuno que es realizado en las horas de sol, por lo que se puede comer antes del amanecer y después del atardecer, durante todo ese mes. 📖 *Ramadã*

Rango 1. *m.* Dentro de una organización, es la categoría de clase. 📖 *Patente*. 2. Clase, categoría. 📖 *Categoria*

Rápel *m.* Del francés *rappel*. Técnica y mecanismo de descenso usándose una cuerda doble apoyada en un punto y en la que el escalador se desliza rapidamente. El rápel también es utilizado en operaciones militares y en rescates en medios naturales y urbanos. 📖 *Rapel*

Rebozar 1. *tr.* Embeber un alimento en huevo y luego pasarlo por el pan rallado o harina para después freírlo. 📖 *Empanar*. 2. Con un manto o una capa, cubrir casi la totalidad del rostro, hasta los ojos. 📖 *Encobrir*

Recepcionista *m. y f. COM.* Profesión desarrollada en las entradas de centros de reuniones, hoteles o establecimientos en general, y que consiste en atender y orientar usuarios o clientes: *Llamé y pregunté a la recepcionista a qué hora empezaría la charla.* 📖 *Recepcionista*

Receptivo,va *adj.* Que recibe o tiene capacidad para hacerlo. 📖 *Receptivo,va*

Recibo *m.* Se dice de un registro, un documento firmado dónde se aclara haberse recibido dinero por algo: *Por suerte todavía tenía el recibo del televisor roto en su garantía.* 📖 *Recibo*

Refresco *m.* Bebida no alcohólica hecha de edulcorantes y agua carbonatada, con o sin gas. 📖 *Refresco, refrigerante*

Refugio de montaña *m.* Construcción turística para recibir personas que visitan las montañas. Por lo general son muy rudimentarias, disponiendo de ambientes colectivos como la cocina y el baño, así también lo pueden ser los alojamientos 📖 *Refúgio de montanha*

Regata *f. MAR.* Competencia deportiva de velocidad en la que varias embarcaciones de pequeño porte (que pueden ser a vela o remo) realizan un recorrido determinado, lo que debe ser en el menor tiempo posible: *La regata tuvo momentos emocionantes*. 📖 *Regata*

Reembolsar *tr. y pron.* Reintegrar dinero a una persona o entidad: *Exigí que el colegio reembolsara la mensualidad indebidamente cobrada*. 📖 *Reembolsar*

Región 1. *f.* En el estudio de geografía, se usa esa palabra para designar una porción de tierra en algún aspecto homogéneo: *En aquella región no había ninguna construcción*. 2. Se usa el término para las divisiones de los territorios de un país, tanto por sus características geográficas como sociales e históricas: *Cada una de las cinco regiones de México tiene su peculiaridad*. 3. MIL. Partes en las que se puede dividir un país a efectos militares. 4. ANAT. Término usado para definir áreas del cuerpo humano: *Tenía dolores en la región cervical*. 📖 *Região*

Regresión *f.* Se dice del volver atrás en determinado proceso o actividad: *Hubo una regresión del entusiasmo de los jugadores y por eso perdieron el partido*. 📖 *Regressão*

Resguardo *m.* Documento comprobatorio de un pago o una entrega: *Tengo el resguardo de la tintorería*. 📖 *Recibo*

Restauración 1. *f.* Se dice del acto o resultado de restaurar, restablecer, recuperar (conservando las características originales). 2. En una empresa de servicios, así se denomina el sector responsable por mantener u ofrecer el servicio de comidas y bebidas, como bares, restaurantes, cafeterías y similares. 📖 *Restauração*

Restaurante *m.* Local comercial con muchas modalidades distintas, abierto al público. A valores fijos sirve variedades de comidas y bebidas que pueden ser consumidas en el local o compradas para llevar. 📖 *Restaurante*

Repostero,ra *m. y f.* Profesional que se dedica a preparar tortas, medialunas, facturas, tartas y una gran variedad de dulces: *Las tortas que hace el repostero de esa panadería son exquisitas*. 📖 *Confeiteiro,ra*

Ruta 1. *f.* Cuando se establece el camino o la dirección a tomarse en un viaje: *El GPS nos permite elegir siempre más de una ruta*. 📖 *Rota*. 2. Camino por donde se pasa para ir de un lugar a otro. 📖 *Caminho*

S

S 1. *f.* Vigésima letra del alfabeto español. Fonéticamente representa un sonido fricativo alveolar sordo, aunque se pronuncie de formas muy variadas. Las dos principales son la apicoalveolar, que domina en la mayor parte de España, y la predorsal con salida de aire por los dientes, que es la más usual en las zonas meridionales de España y en Hispanoamérica. Su nombre es *ese*. 2. **S líquida** La inicial de palabra seguida de consonante: *Sponsor tiene s líquida*. 📖 *S*

Sábana *f.* Lienzo grande de una tela fina, sintético, de lino o algodón, que puede ser de varios colores, usado sobre la cama. Por lo general, es mayor que el colchón, así puede ser plegado bajo el mismo de manera a que no se salga de su lugar. 📖 *Lençol*

Safari 1. *m.* Se dice de expediciones, generalmente en África, que buscan animales de mayor porte originalmente para cazar y actualmente para fotografiarlos: *Fue un safari muy emocionante.* 2. Nombre dado a una modalidad de zoológico en que los animales no están en jaulas. 📖 *Safári*

Salón 1. *m.* Habitación más espaciosa en una casa. 2. Feria o instalación donde se exponen productos o servicios con un abordaje comercial. 📖 *Salão*

Salsa *f.* Usada en culinaria, se dice de un preparado líquido con varios ingredientes triturados. Su función es dar sabor o acompañar algunos platos. 📖 *Molho*

Saltear 1. *tr.* Acto de apropiarse de bienes ajenos por delincuentes mediante amenaza de algún tipo. 📖 *Assaltar.* 2. Freír levemente un alimento: *Quiero las legumbres salteadas con jamón.* 📖 *Saltear*

Sandía 1. *f.* Fruta de formato ovalado, de pulpa roja. Planta rastrera, herbácea anual, de la familia de las Cucurbitáceas, con hojas partidas en segmentos redondeados y de color verde oscuro, con flores amarillas, fruto casi esférico y dulce. 2. *f.* Fruto de esta planta. 📖 *Melancia*

Sartén *f.* Objeto para uso en la cocina destinado a preparar alimentos al fuego. Metálico, redondo, ancho, poco profundo, de fondo plano y con un mango largo que se usa para freír, generalmente en aceite o manteca. 📖 *Frigideira*

Sazonar *tr.* Condimentar los alimentos con algunos ingredientes, tales como perejil, sal, vinagre, dándole así un toque especial al plato cambiando su sabor. Se suele sazonar la ensalada. 📖 *Temperar*

Secador de pelo *m.* Aparato eléctrico que sopla aire frío y caliente, que sirve para secarse el pelo. 📖 *Secador de cabelos*

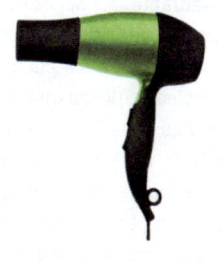

Señoría *f.* Forma de tratamiento respetuosa dirigida hacia personas en determinados cargos. 📖 *Senhoria*

Senderismo *m.* Deporte no competitivo en el que se va a pie recorriendo parajes de interés natural, generalmente con el

fin de alcanzar algún objetivo turístico o cima. Es una de las actividades del deporte y turismo de aventura que busca acercar a las personas al medio natural y al conocimiento de determinada zona a través del patrimonio y los elementos culturales, preferencialmente utilizando el sistema tradicional de vías de comunicación, así como cañadas, caminos vecinales y senderos. También conocido por su nombre en inglés *trekking*.
📖 *Trilha, trekking*

Servicio 1. *m.* Acto o efecto de servir. 2. Conjunto de cubiertos dispuestos en la mesa para facilitar la prestación de un servicio al cliente. Los cubiertos como la cristalería suelen tener una posición determinada en el conjunto de la disposición del servicio. 📖 *Serviço*. **Servicio a la carta** *m.* Así se conoce el servicio de comida (almuerzo o cena) elegido por el cliente entre una serie de platos relacionados en una carta de restaurante. 📖 *Serviço à la carte*. **Servicio a la francesa** *m.* Servicio prestado por un camarero al cliente en la mesa del comedor de un hotel o restaurante. 📖 *Serviço à francesa*. **Servicio de gueridón** *m.* Consiste en servir los platos de los clientes, por parte del empleado, desde una mesa auxiliar (*gueridón*) situada próxima a la de los comensales. 📖 *Serviço de gueridom*. **Servicio a la inglesa** *m.* Consiste en la distribución, por parte del camarero, de los alimentos servidos desde la cocina en los platos situados en la mesa de los comensales. 📖 *Serviço à inglesa*

Sida *m.* MED. Sigla del Síndrome de la Inmunodeficiencia Adquirida. Enfermedad generada por el virus HIV que destruye las defensas inmunológicas del organismo. Esta enfermedad se contagia por transmisión sexual o sanguínea 📖 *AIDS*

Sillón *m.* Silla de brazos, muy cómoda y generalmente acolchonada, de tamaño mayor que la normal. 📖 *Poltrona*

Sombrero *m.* Accesorio que se utiliza específicamente para cubrir la cabeza. 📖 *Chapéu*

Sondeo *m.* Se dice de todo estudio socioestadístico tomado a partir de encuesta sobre preferencias o motivaciones, realizado sobre un reducido número de personas. 📖 *Sondagem*

Sueldo 1. *m.* En un servicio profesional o cargo, se dice del pago que se realiza regularmente a la persona que lo ejecuta u ocupa. 2. **A sueldo** *loc. adv.* Mediante retribución, aunque no sea fija: *Matón a sueldo*. 📖 *Salário*

Sumiller *m.* VOZ FRANC. *Sommelier* de un hotel o restaurante, persona a cargo del departamento de comedor, y que se ocupa del servicio de vinos y licores, además de asesorar a los clientes en la elección de los mismos. 📖 *Sommelier, Escanção*

Suministrar *tr.* (algo) Proporcionar, llevar o poner al alcance de alguien una cosa necesaria. 📖 *Fornecer*

Suite *f.* En los hoteles, conjunto de habitaciones (sala, alcoba y cuarto de baño) comunicadas que forman una unidad de alojamiento. Ofrecen al cliente más espacio y muebles: *El embajador fue alojado en la suite presidencial.* 📖 *Suíte*

Suscribir 1. *tr.* Cuando se firma al pie o al final de un documento: *El que suscribe es nada menos que el autor de la ley.* 2. Estar de acuerdo con opiniones o decisiones de alguien: *Suscribo todo lo que fue dicho.* 📖 *Subscrever*

T

T *f.* En el alfabeto español es la vigésima primera letra y la decimaséptima consonante. Del punto de vista fonético, se refiere a un sonido de articulación dental, oclusiva y sorda. Su nombre es *te*: *Tijera se escribe con T.* Plural *tes.* 📖 *T*

Táctica *f.* Se dice de la técnica o capacidad de aplicar de forma combinada medios y líneas de actuación diferentes con el objetivo de lograr un resultado deseado. 📖 *Tática*

Talón 1. *m.* En el pie humano, es la parte que apoya en el suelo al caminar, inmediatamente debajo de la articulación (el tobillo): *De caminar descalzo me lastimé los talones.* 2. Parte del calzado que cubre esta zona. 📖 *Calcanhar*

Tangibilidad 1. *f.* Se dice de la característica de algo o alguien de ser tocado, que es palpable. 2. Término empleado cuando se realizan estimaciones. 📖 *Tangibilidade*

Tarifa *f.* Coste, importe, arancel, honorarios, tasa, precio. 📖 *Tarifa*

Tarifa de crédito *f.* Importe pago para tener acceso a crédito 📖 *Tarifa de crédito*

Tarjeta de embarque *f.* Comprobante emitido por compañías aéreas o marítimas para los pasajeros que compraron pasajes e hicieron el *check-in* en el momento de embarque. En éste constan el número del pasaje (vuelo o embarcación) y el local dónde el pasajero debe presentarse. 📖 *Cartão de embarque*

Tasa *f.* Valor o tributo pagado por algún servicio. 📖 *Taxa*. **Tasa de aeropuerto** *f.* Tributo cobrado a pasajeros por el uso del servicio de vuelo internacional y nacional en aeropuertos controlados por las autoridades aeroportuarias, normalmente pagado dentro del correspondiente país. Puede ser cobrado, en algunos países también, en vuelos de salida. 📖 *Taxa de embarque*

TAV *m.* Nombre del tren español de alta velocidad. 📖 *Trem de alta velocidade espanhol*

Taxi *m.* Coche con chofer que se contrata y se paga por quilómetros recorridos. El cálculo de la tarifa se hace a través del taxímetro. 📖 *Táxi*

Taxímetro *m.* Instrumento que realiza la conversión de los quilómetros recorridos por un taxi en valores a ser pagos por el pasajero. 📖 *Taxímetro*

Taza *f.* Recipiente que se utiliza para tomar té, leche, café u otras bebidas calientes. Dispone de un soporte lateral para que la temperatura de la bebida no queme los dedos de quien la sostiene. Vasija pequeña, jícara, tazón. 📖 *Xícara*

Telefax *m.* Especie de copiadora e impresora que opera por medio telefónico,

TELEMÁTICA

por la cual se pueden transmitir textos e imágenes a alguien que disponga de otro aparato similar, todo por la línea telefónica convencional. Es utilizado en comunicación para acciones publicitarias, comerciales y también como vehículo para la realización de encuestas. 📖 *Fax*

Telemática *f.* Técnica de comunicación y transmisión informática a distancia realizada por medio de las redes telefónicas 📖 *Telemática*

Televisor *m.* Se dice de un aparato que recibe transmisiones y las transforma en imágenes y sonidos. 📖 *Televisor*

Teletexto *m.* Usándose la tecnología de transmisiones televisivas, este sistema, desarrollado en Reino Unido, permite la presentación de textos informativos en el televisor, como también la transmisión de subtítulos para películas o programas en general. 📖 *Teletexto*

Temporada turística *f.* Período considerado más adecuado para viajar a determinados lugares, sea por cuestiones climáticas o de recursos naturales. En esa época los pasajes a ese lugar suelen ser más caros así como hospedajes y servicios en general. 📖 *Temporada turística*

Tendedero *m.* Se dice de un conjunto de cuerdas fijadas normalmente de forma paralela, con la finalidad de colgar ropas para que se sequen luego después de lavadas. 📖 *Varal*

Tenedor *m.* Instrumento que se utiliza en la mesa para cargar los alimentos del plato hacia la boca. 📖 *Garfo*

Tendencia *f.* Inclinación hacia un patrón de comportamiento. Modo de pensar o de actuar en relación a la política, la religión, la economía u otras actividades sociales. 📖 *Tendência*

Terminal de autobús *m.* Edificación amplia en la que se turnan las entradas y salidas de los autobuses, desde y hacia varios lugares. 📖 *Rodoviária*

Tifus *m.* Conjunto de enfermedades infecciosas, producidas por varias bacterias, caracterizadas por fiebres, diarreas, hemorragias intestinales, postración, aparición de costras en la boca y a veces presencia de manchas en la piel: *Hay un brote de tifus en un país asiático.* No posee plural. 📖 *Tifo*

Tienda 1. *f.* Establecimiento comercial donde se vende al por menor varios tipos de productos, principalmente electrónicos o ropa. Comercio, negocio o almacén. 📖 *Loja.* 2. *f.* Carpa, toldo, lona 📖 *Barraca*

Toalla *f.* Prenda de tejido esponjoso, de felpa, de rizo de algodón o de otra tela absorbente usada para secarse el cuerpo después del baño o de lavarse. 📖 *Toalla*

Todoterreno 1. *m.* Práctica deportiva desarrollada en una superficie no pavimentada, accidentada y rugosa natural, como arena, grava, corrientes de ríos, nieve y otros. Estos terrenos pueden ser atravesados solamente por vehículos todoterreno, como SUVs, ATVs, nievemóviles, bicicletas de montaña, etc. Esta actividad puede requerir, en la mayoria de las veces, permisos especiales o licencias. 2. Vehículo preparado para ser conducido por rutas accidentadas, fuera de los caminos de conducción tradicionales. 📖 *Veículo 4 X 4*

Tomate *m.* Fruto de la tomatera, de cáscara lisa y brillante, con una pulpa con numerosas semillas, aplastadas y amarillas. 📖 *Tomate*

Topografía *f.* Ciencia que estudia el conjunto de principios y procedimientos que tienen por objeto la representación gráfica de la superficie de la Tierra. 📖 *Topografia*

Trabajo 1. *m.* Medida del esfuerzo hecha por seres humanos. Acto y efecto de trabajar. 2. Actividad ejercida habitualmente por una persona que la realiza a cambio de un sueldo. 📖 *Trabalho*

Tráiler 1. *m.* Remolque equipado con camas, mesa, cocina y baño, que se engancha a un camión, camioneta u otro vehículo sin caja. 📖 *Reboque*. 2. Avance publicitario con imágenes breves para la divulgación comercial de una película. El plural es *trailers*. 📖 *Trailer*

Transferencia *f.* Acción y efecto de transferir. Operación por la que se transporta una cantidad de dinero desde una cuenta bancaria hacia otra: *El despachante cobra una comisión para realizar la transferencia bancaria*. También se escribe trasferencia. 📖 *Transferência*

Transporte *m.* Acto o resultado de transportar. 📖 *Transporte*

Tren 1. *m.* Transporte terrestre que posee una serie de vagones o coches enganchados unos tras otros y arrastrados por una máquina locomotora, que hace translados de mercaderías o de personas. 2. **Tren de mercancías** *m.* Los que hacen operación o servicio de carga. 3. **Tren de aterrizaje** *m.* Dispositivo de aterrizaje de una aeronave. 4. **A todo tren** *loc. adv. col.* Con todo el lujo y la comodidad posible: *Hicieron un viaje a todo tren*. Con la máxima velocidad: *Manejaba el camión a todo tren por la ruta*. 7. **Estar como un tren** *loc. col.* Referido a una persona ser muy bonita, hermosa y atractiva. 📖 *Trem*

Trópico *m.* Cada uno de los dos círculos menores del globo terrestre, que se corresponden con los dos de la esfera celeste. Se llama Trópico de Cáncer al del hemisferio norte (o boreal) y Trópico de Capricornio, al del hemisferio sur (o austral). Región del planeta comprendida entre esos círculos. 📖 *Trópico*

Trocear *m.* Cortar en trozos o pedazos; partir, desmenuzar, despedazar o dividir una carne o algún otro objeto. 📖 *Cortar*

Turismo *m.* 1. Actividades que realizan las personas por medio de viajes, por trabajo y negocios o por placer, con hospedaje en hoteles y hosterías, y visitas a locales de interés cultural o de ocio. Afición a viajar por placer: *Hacer turismo*. 2. Organización y gerenciamiento de los medios que posibilitan los viajes, hospedajes y visitas a lugares de interés cultural o de ocio. 📖 *Turismo*

U

U *f.* Vigésima segunda letra del alfabeto español y última de sus vocales. Es muda en las sílabas *que, qui*: *queso, desquicio*; y en *gue, gui*: *guerrero, guitarra*. Lleva diéresis cuando, al ser usada con *q* y *g*, tiene sonido: *Sinvergüenza, argüir*. El plural es *úes*. Se usa en lugar de la letra *o* delante de palabras que empiezan con *o, ho*: *Marta u Orlando, mujeres u hombres.* 📖 *U*

UE *f.* Unión Europea. Asociación de países de Europa, constituida por el Tratado de la Unión Europea, que entró en vigor el 1.º de noviembre de 1993. Nacida con el fin de propiciar y acoger la integración y governanza en común de los estados y los pueblos de Europa, es la sucesora de la Comunidad Económica Europea. La Unión Europea se gobierna por un sistema interno en régimen de democracia representativa. Forman parte de ella Alemania, Austria, Bélgica, Bulgaria, Chipre, República Checa, Croacia, Dinamarca, Eslovaquia, Eslovenia, Estonia, España, Finlandia, Francia, Grecia, Hungría, Irlanda, Italia, Lituania, Letonia, Luxemburgo, Malta, Países Bajos, Polonia, Portugal, Reino Unido, Rumania y Suecia. 📖 *União Europeia*

Ubicación *f.* Situación o localización espacial o geográfica. Lugar o espacio donde se sitúa una persona o una cosa. 📖 *Localização*

Ubicar *tr. pron.* Colocar o poner en un espacio, posición o lugar determinado. 📖 *Localizar*

Uva *f.* Fruto obtenido de la vid. Son dulces y se comen frescas. Baya jugosa, de forma más o menos redonda y en racimos. Es también la base de la fabricación de vinos, vinagres, etc. 📖 *Uva*

V

V 1. *f.* Vigésima tercera letra del alfabeto español y decimoctava de sus consonantes. Su nombre es *ve corta, ve chica* o *uve*. La *v* se pronuncia en español igual a la *b*. Representa un sonido bilabial y sonoro. 2. Representa el 5 en la numeración romana: *Ocurrió en el siglo V antes de Cristo*. Se escribe con mayúscula. 📖 *V*

Vacaciones *f.* Tiempo de descanso, sin estudios ni trabajos: *Estoy cansado, voy a tomarme unas vacaciones.* 📖 *Férias*

Vacante *adj.* Que está vacío, que no está ocupado por nadie. 📖 *Vago,ga*

Vacuna *f.* Sustancia que protege de ciertas enfermedades o que evita que se desarrollen: *Abuelita ya tomó la vacuna contra la gripe.* 📖 *Vacina*

Vado *m.* Parte de una ruta o calle por donde corre el agua de las lluvias. Parte del pavimiento que se rebaja para la entrada de vehículos a determinados lugares: *Adelante de los vados es prohibido estacionar.* 📖 *Guia rebaixada*

Vagón *m.* Vehículo que circula sobre ruedas y carriles de hierro, arrastrado por una locomotora. Su conjunto forma un tren de transporte de pasajeros, mercaderías u otros bienes. La suma de los vagones forma un *convoy.* Los que ofrecen servicios especiales se llaman *coches.* 📖 *Vagão*

Vajilla *f.* Conjunto de platos, fuentes, tazas, etc., destinado al servicio de mesa de un restaurante o comedor. 📖 *Louça*

Varilla *m.* Utensilio de metal que se usa en la culinaria para batir los alimentos. 📖 *Vareta*

Vaso *m.* Recipiente de vidrio de forma cilíndrica que se usa para beber. Tiene formas variadas: los de vino son chatos y pequeños; los de agua son más grandes, etc. 📖 *Copo*

Vela f. Deporte náutico que se realiza con veleros. 📖 *Vela*

Vendimia *f.* Colecta de la safra de uva: *Viajamos durante la vendimia en Mendoza.* 📖 *Vindima*

Viaje 1. *m.* Recorrido o itinerario para ir de un lugar a otro. 2. Carga que se transporta de una sola vez: *Con este viaje terminaremos la entrega.* 📖 *Viagem.* **Viaje relámpago** *m.* Viaje de corta duración, generalmente para resolver asuntos urgentes: *El director hizo un viaje relámpago a la sede central para oír nuevas instrucciones.* 📖 *Viagem relâmpago*

Viajero,ra *m. y f.* Persona que circula entre dos o más países o entre dos o más lugares dentro de su país de residencia habitual. 📖 *Viajante*

Vip voz INGL. *adj. m. y f.* Sigla que se usa para un cliente importante. Iniciales de la denominación inglesa *Very Important Person.* 📖 *VIP*

Visado *m.* Validación exigida por algunos países para un pasaporte, emitida por las autoridades de aduana o de fronteras, generalmente a la entrada de un país extranjero. 📖 *Visto*

Volante *m.* Pieza del vehículo en frente al asiento del conductor usada para dirigir. 📖 *Volante*

W

W *f.* Vigésima cuarta letra del alfabeto español. Su nombre es *uve doble* o *doble ve.* Tiene un sonido de *u* en palabras inglesas y el de una *v* en palabras alemanas. 📖 *W*

Windsurf voz INGL. *m.* Modalidad en la que el deportista se desplaza por el agua sobre una tabla especial provista de una vela. La diferencia con un velero es que la vela de una tabla de *windsurf* es articulada de tal modo que permite su navegación libre alrededor de un único punto de unión con la tabla de la base. 📖 *Windsurf*

Y

Y 1. *f.* Vigésima sexta letra que en el alfabeto español sigue a la *x*. Se suele llamar *i griega*. 2. *conj.* Señala unión de dos elementos de nivel o función iguales. En una enumeración se antepone siempre al último elemento. 📖 *Y*

Yarda *f.* Unidad de medida de longitud básica, utilizada en el Reino Unido y en otros países de tradición anglosajona, que equivale a 0,914 m. 📖 *Jarda*

Yate *m.* Buque de pequeño calado o embarcación de lujo que se usa en viajes de cabotaje o de cortas distancias marítimas para recreo y placer. 📖 *Iate*

Yema *f.* Constituye la célula que, al ser fecundada, origina un nuevo organismo, pues contiene la reserva energética para el desarrollo del embrión que desarrolla en ella la nueva vida. Parte central del huevo: *La yema del huevo de gallina es de color amarillo y la clara es blanca.* 📖 *Gema*

Yerba 1. *f.* Planta de tallos blandos y flexibles, sin ramas ni tronco, con hojas pequeñas y alargadas de color verde y que crece en los campos y jardines. También llamada *hierba*. 📖 *Erva*. 2. El conjunto de estas plantas que cubre una parte de terreno. 📖 *Grama, capim, relva*

Yerba mate *f.* Infusión usada como bebida hecha de hojas de una planta originaria de las selvas tropicales de Paraguay, Brasil y Argentina. 📖 *Erva mate, chimarrão*

Yeso *m.* Uno de los minerales más antiguos, compuesto de sulfato de calcio hidratado, usado en la construcción, la medicina y en el proceso de producción de estatuas y monumentos. Blando y de color blanco, una vez molido hasta convertirse en polvo se mezcla con agua para formar una pasta que se puede modelar. 📖 *Gesso*

Yogur *m.* Producto lácteo obtenido de la fermentación de la leche por medio de bacterias. Alimento semilíquido y espeso, al que también se le agrega chocolate, frutas, vainilla, etc. 📖 *Iogurte*

Yunta *f.* Par de animales de tiro, vacuno o caballar, que es usado para las tareas del campo o para tirar de carros. 📖 *Junta*

Z

Z *f.* Vigesimoséptima letra del abecedario español. En las regiones central y norte de España, representa un fonema consonántico fricativo, interdental y sordo, similar al del *th* inglés y distinto del correspondente a la *s*. En América y en el sur de España, este sonido es igual al del *ce* y *ci* o el de la letra *s*. *Zeta* es el nombre de la letra *z*. Su grafía mayúscula es *Z* y la minúscula, *z*. 📖 *Z*

Zanahoria *f.* Planta herbácea, cuya raíz es comestible, de forma alargada y terminada en una punta, con carne jugosa amarilla o anaranjada. 📖 *Cenoura*

Zapato *m.* Acesorio de vestimenta hecho para dar protección y comodidad al pie mientras se practica una actividad. Suele tener una suela de un material más resistente y duro que el resto. 📖 *Sapato*

Zona *f.* Extensión considerada de terreno compreendida entre límites preestablecidos. 📖 *Zona*

Zoológico *m.* Parque de gran extensión para la exhibición, conservación, estudio, investigación y cría de animales salvajes no domesticados. 📖 *Zoológico*

Zumo *m.* También conocido como *jugo*, es un líquido que se extrae de las frutas, vegetales, etc. normalmente por presión: *En Brasil hay una gran variedad de zumos de frutas regionales.* 📖 *Suco*

Vocabulario

Portugués – Español

A

Abacate *m.* Aguacate, palta
Ábaco *m.* Abacus
Abertura de documentos *f.* Apertura de documentos
Abotoar *tr. pron.* Abrochar
Abridor de latas *m.* Abrelatas
Abridor de latas elétrico *m.* Abrelatas eléctrico
Acampamento *m.* Acampada, campamento
Acampar *intr.* Acampar
Ação *f.* Acción
Acelga *f.* Acelga
Acesso *m.* Acceso
Acionista *m./f.* COM. ECON. Accionista
Acolher *tr.* Acoger
Acrescentar *tr.* Añadir
Aculturação *f.* Aculturación
Adaptação *f.* Adaptación, aclimatación
Adega *f.* Bodega
Administração *f.* Administración
Administração turística *f.* Administración turística
Administrador, ra *m./f.* Jefe,fa de administración
Adubar *tr.* Abonar
Adubo *m.* Abono
Aeroclube *m.* Aeroclub
Aeródromo *m.* Aeródromo
Aerofólio *m.* Alerón
Aeromoça *f.* Azafata

Aeronave *f.* Aeronave
Aeroplano *m.* Aeroplano
Aeroporto *m.* Aeropuerto
Aerovia *f.* Aerovía
Afastado *adj.* Apartado
Afivelar *tr. pron.* Abrochar
Afluência turística *f.* Afluencia turística
Agência *f.* Agencia
Agência de turismo *f.* Operador turístico
Agência de viagens *f.* Agencia de viajes
Agência de viagens emissora *f.* Agencia de viajes emisora
Agência de viagens emissora receptora *f.* Agencia de viajes emisora receptiva
Agência de viagens especializada *f.* Agencia de viajes especializada
Agência de viagens receptiva *f.* Agencia de viajes receptiva
Agente *m./f.* Agente
Agente de viagens *m./f.* Agente de viajes
Agente turístico *m.* Agente turístico
Agroturismo *m.* Agroturismo
Água sanitária *f.* Lejía, lavandina
Águas juridicionais *f.* Aguas jurisdiccionales
Águas territoriais *f.* Aguas territoriales
Aids *f.* Sida
Ajudante *m./f.* Ayudante
Ajudante de cozinha *m./f.* Pinche, asistente de cocina
Ajudante de recepção *m./f.* Ayudante de recepción

Ajudante de voo **m./f.** Ayudante de vuelo
Albergue **m.** Albergue
Alcançar **intr.** Llegar, alcanzar
Alegre **adj.** Alegre
Alface **f.** Lechuga
Alfândega **f.** Aduana
Alho e óleo **m.** Alioli
Alienação **f.** Alienación
Almoço **m.** Almuerzo
Alojamento **m.** Alojamiento
Alojamento extra-hoteleiro **m.** Alojamiento extrahotelero
Alojamento hoteleiro **m.** Alojamiento hotelero
Alojamento turístico **m.** Alojamiento turístico
Alpinismo **m.** Alpinismo
Altitude **f.** Altitud
Aluguel **m.** Alquiler
Amadurecer **tr.** Madurar
Amortização **f.** Amortización
Andar **intr.** Marchar, andar
Andar **m.** Piso
Andorinha **f.** Golondrina
Animação **f.** Animación
Animação turística **f.** Animación turística
Animador **adj./s.** Animador
Ano **m.** Año
Ano de vigência **m.** Año de vigencia
Antecedência **f.** Antelación, anticipación
Antena **f.** Antena

Antepasto **m.** Entremés, entrada
Antropologia cultural **f.** Antropología cultural
Antropologia turística **f.** Antropología turística
Anulação **f.** Anulación
Anunciante **m.** Anunciante
Anúncio **m.** Anuncio, aviso
Aparador **m.** Aparador
Apartamento **m.** Apartamento, piso, departamento
Apartamento turístico **m.** VOZ INGL. Bungalow
Aperitivo **m.** Aperitivo
Ápex **m.** Ápex
Aprendiz **m./f.** Aprendiz,za
Aquário **m.** Acuario
Aquecedor **m.** Calefactor,ra
Ar-condicionado **m.** Acondicionador, aire acondicionado
Área para lanche **f.** Merendero
Armário suspenso **m.** Altillo
Armário de chaves **m.** Armario de llaves
Armário de vinhos **m.** Armario de vinos
Armazém **m.** Tienda de comestibles
Arredores **m./pl.** Afueras, alrededores
Artesanato **f.** Artesanía
Árvore **f.** Árbol
Asa-delta **f.** Ala delta
Ascensorista **m./f.** Ascensorista
Assaltar **tr.** Saltear
Assento **m.** Asiento
Atacadista **m./f./adj.** Mayorista

Atar **tr. y pron.** Atar

Atender **tr.** Atender

Atendente **m./f.** Ayudante, auxiliar

Atendimento ao cliente **m./f.** Atención al cliente

Atitude **f.** Actitud

Atividade turística **f.** Actividad turística

Ativo,va **adj.** Activo,va

Atletismo **m.** Atletismo

Atração turística **f.** Atractivo turístico

Auditoria **f.** Auditoría

Autosserviço **m.** Autoservicio

Autorização **f.** Autorización

Auxiliar **m./f.** Ayudante, ordenanza

Auxiliar de cozinha **m./f.** Ayudante de cocina

Ave **f.** Ave

Avental **m.** Delantal

Aviação **f.** Aviación

Aviação comercial **f.** Aviación comercial

Aviação esportiva **f.** Aviación deportiva

Avião **m.** Avión

Avioneta **f.** Avioneta

Aviso **m.** Aviso

Aviso ao passageiro **m.** Aviso de pasajeros

Aviso de chamada **m.** Aviso de llamada

Axila **f.** Axila, sobaco

Azeite **m.** Aceite

B

Babá **f.** VOZ FRAN. Au pair, niñera

Bagagem **f.** Equipaje

Balança **f.** Báscula, balanza

Balneário **m.** Balneario

Balonismo **m.** Aerostación

Balsa **f.** VOZ INGL. Ferry, balsa

Banco de pedra **m.** Laja

Bandeja **f.** Bandeja

Banha **f.** Grasa

Banheiro **m.** Aseo, baños

Banquete **m.** Banquete

Bar **m.** Bar

Barbear **tr.** Afeitar

Barco **m.** Barco

Barman **m.** Barman

Barraca **f.** Tienda

Batata **f.** Patata, papa

Batata-doce **f.** batata

Basquete **m.** Baloncesto, básquet

Batedeira **f.** Batidora

Bateria **f.** Batería

Bazar **m.** Bazar

Beco **m.** Callejón

Beira (para mar, rio) **f.** Orilla

Beliche **m.** Litera, cucheta

Benefício **m.** Beneficio

Berço **m.** Cuna

Bicama **f.** Litera

Bijuteria **f.** Fantasía

Bilhete **m.** Billete, boleto

Bimestral **adj.** Bimensual
Boletim **m.** Boletín
Bolsa térmica **f.** Nevera, heladerita
Bônus **m.** Bono
Borboleta **f.** Mariposa
Borda **f.** Orilla
Botão **m.** Botón
Brincar **intr.** Jugar
Bufê **m.** Bufé
Buraco **m.** Agujero

C

Cabine **f.** Cabina
Cabine telefônica **f.** Cabina telefónica
Cabotagem **f.** Cabotaje
Cadeia de hotéis **f.** Cadena hotelera
Café da manhã **m.** Desayuno
Cafeeiro **adj.** Cafetero,ra
Cafeteira **f.** Cafetero,ra
Cafezeiro,ra **m./f.** Cafetero,ra
Cafezista **adj./s.** Cafetero,ra
Caiaque **m.** Kayak
Cais **m.** Muelle
Caixa **f.** Caja
Caixa de correio **f.** Buzón
Caixa de primeiros socorros **f.** Botiquín
Caixa postal **f.** Apartado de correos
Calçada **f.** Acera, vereda
Calçadeira **f.** Calzador
Calcanhar **m.** Talón
Caldeira a vapor **f.** Caldereta

Calefaciente **adj.** Calefactor,ra
Cama **f.** Cama
Cama de casal **f.** Cama doble
Camareiro,ra **m./f.** Camarero,ra
Cambiar **tr.** Cambiar
Cambista **m./f. com.** Cambista
Caminho **m.** Ruta, carretera
Camping **m.** Camping, campamento
Canoagem **f.** Piragüismo
Capa **f.** Capa
Capa de chuva **f.** Chubasquero, capa, piloto
Capim **m.** Yerba, hierba
Capô **m.** Capó
Cardápio **m.** Carta de platos, menú
Cardápio de bebidas **m.** Carta de vinos
Carona **f.** Autoestop, hacer dedo
Carregador,ra **m.** Maletero,ra, changador
Carregar **tr.** Cargar
Carruagem **f.** Carruaje
Cartão de embarque **m.** Tarjeta de embarque
Cartão de passe ferroviário **m.** Eurailpass
Cartaz **m.** Cartel
Carteira de identificação **f.** Carnet
Casa de penhora **f.** Casa de empeño
Casal **m.** Pareja
Cassino **m.** Casino de juego
Catamarã **m.** Catamarán
Categoria **f.** Categoría, patente, rango
Cava **f.** Cava, foso

Cavalgada **f.** Cabalgada
Cenoura **f.** Zanahoria
Cessionário,ria **m./f.** Cesionario,ria
Chalé **m.** Chalé
Chapéu **m.** Sombrero
Chave **f.** Llave
Chave de fenda **f.** Destornillador
Chave inglesa **f.** Llave inglesa
Chaveiro **m.** Llavero
Chave-mestra **f.** Llave maestra
Check-in **m.** Entrada, VOZ INGL. check-in, facturación
Check-out **m.** Salida, VOZ INGL. check-out
Chefe de cozinha **m./f.** Jefe de cocina
Chefe de departamento **m./f.** Jefe de brigada
Chegar **intr.** Llegar
Cheque **m.** Cheque
Churrascaria **f.** Asador
Churrasco **m.** Barbacoa, parrillada
Ciclismo **m.** Ciclismo
Ciclismo de montanha **m.** Ciclismo de montaña
Cidade **f.** Ciudad
Cinto **m.** Cinto, cinturón
Cinto de segurança **m.** Cinturón de seguridad
Cinzeiro **m.** Cenicero
Circuito **m.** Circuito
Clandestinidade **f.** Clandestinidad
Clandestino,na **m./f.** Polizón,na
Classe **f.** Clase
Classificação **f.** Clasificación
Cliente **m./f.** Cliente,ta

Clientela **f.** Clientela
Coador **m.** Colador
Cobertura **f.** Cobertura
Código **m.** Código
Coeficiente de ocupação **m.** Coeficiente de ocupación
Cólera **m./f.** Cólera
Colher **f.** Cuchara
Colônia de férias **f.** Colonia de verano
Comanda **f.** Comanda
Comandante **m./f.** Comandante,ta
Comensal **m./f.** COM. Comensal
Comida **f.** Comida
Comissão **f.** Comisión
Comissário **m.** Comisario
Comissão Europeia de Turismo **f.** Comisión Europea de Turismo
Comissão Europeia de Aviação Civil **f.** Comisión Europea de Aviación Civil
Comissária de bordo **f.** Azafata de bordo, azafata de vuelo
Comissário,ria de bordo **m./f.** Auxiliar de vuelo
Companhia **f.** Compañía
Companhia de ônibus **f.** Compañía de autobús
Companhia de transporte ferroviário **f.** Compañía de ferrocarril
Companhia marítima e fluvial **f.** Compañía marítima y fluvial
Compressa **f.** Fomento
Comprido,da **adj.** Largo,ga
Comprimento **m.** Largura
Computador **m.** Ordenador, computadora
Concurso **m.** Certamen, concurso

Condicionador **m**. Acondicionador

Confeiteiro,ra **m./f**. Repostero,ra

Conferência **f**. Conferencia

Confiabilidade **f**. Fiabilidad

Confirmação **f**. Confirmación

Congresso **m**. Congreso

Conselheiro,ra **m./f**. Consejero,ra

Conselho regulador **m**. Consejo regulador

Consumo turístico **m**. Consumo turístico

Contratante principal **m./f**. Contratante principal

Contrato **m**. Contrato

Contrato de arrendamento **m**. Contrato de arrendamiento

Contrato de contingente **m**. Contrato de contingente

Contrato de grupo **m**. Contrato de grupo

Contrato de hospedagem **m**. Contrato de hospedaje

Contrato individual **m**. Contrato individual

Contrato de seguro turístico **m**. Contrato de seguro turístico

Contrato de transporte aéreo **m**. Contrato de transporte aéreo

Contrato de viagem **m**. Contrato de viaje

Convenção **f**. Convención

Copo **m**. Vaso

Coquetel **m**. Cóctel

Coqueteleira **f**. Coctelera

Coroa **f**. Corona

Corrente turística **f**. Corriente turística

Corrida de aventura **f**. Raid de aventura

Corrida de táxi **f**. Carrera de taxi

Cortar **tr**. Trocear, cortar

Costureiro,ra **m./f**. Costurero,ra

Cota **f**. Cupo

Cozinha **f**. Cocina

Crédito **m**. Abono, crédito

Crédito de viagem **m**. Crédito de viaje

Crédito turístico **m**. Crédito turístico

Credor **m**. Acreedor

Criado **m**. Paje, sirviente

Criado-mudo **m**. Mesilla, mesa de luz

Cristaleira **f**. Cristalería

Cruzeiro **m**. Crucero

Cupom **m**. Cupón

D

Declaração **f**. Declaración

Declaração alfandegária **f**. Declaración de aduana

Defumado,da **m./f**. Ahumado,da

Degustação **f**. Cata, degustación

Degustar **tr**. Degustar

Demanda **f**. Demanda

Demanda turística **f**. Demanda turística

Departamento **m**. Consejería, departamento

Departamento comercial **m**. Departamento comercial

Departamento de bebidas **m**. Economato y bodega

Departamento de compras m. Departamento de compras

Departamento de grupos m. Departamento de grupos

Departamento de manutenção m. Mantenimiento

Dependente m./f. Dependiente

Depósito m. Depósito

Depósito irregular m. Depósito irregular

Depósito m. Office de pisos

Desajeitado adj. Destartalado,da

Desconto m. Descuento

Desenvolvimento m. Desarrollo

Despachante m./f. Facturista

Destino m. Destino, rumbo

Destino turístico m. Destino turístico

Desvalorização f. Devaluación

Detalhista adj. Detallista

Diária f. Jornada

Diferencial m. Distintivo

Dinheiro m. Dinero

Diploma m. Licenciatura, diploma

Diplomata m./f. Diplomático

Direito m. Derecho

Direito de navegação m. Derecho de navegación

Direito internacional m. Derecho internacional

Direito mercantil m. Derecho mercantil

Direito tributário e financeiro m. Derecho tributario y financiero

Direito turístico do trabalho m. Derecho laboral turístico

Disciplina f. Disciplina, doctrina

Disciplina turística f. Disciplina turística

Discoteca f. Discoteca

Disenteria f. Disentería

Distância f. Lejanía

Divisa f. Divisa

Divulgação f. Promoción

Doceria f. Bollería, confitería

Documentação f. Documentación

Doença f. Enfermedad

Doenças tropicais f./pl. Enfermedades tropicales

Dono de navio m. Naviero

Dourar tr. Saltear

E

Ecologia f. Ecología

Elevador m. Ascensor

Embaixada f. Embajada

Embarcação f. Embarcación

Emissor m. Emisor

Empanar tr. Rebozar

Empregado,da m./f. Empleado,da

Empregado,da de escritório m./f. Oficinista

Emprego m. Empleo

Empresa f. Empresa

Encher tr. Llenar

Encobrir tr. Rebozar

Endosso m. Endoso

Engraxate m./f. Limpiabotas

Enologia **f.** Enología
Enólogo,ga **m./f.** Enólogo,ga
Enômetro **m.** Enómetro
Ensopado **m.** Caldereta
Entrada **f.** Entrada
Entrada de rua **f.** Bocacalle
Entrada **f.** Entrantes
Erva **f.** Yerba, hierba
Escada **f.** Escalera
Escalada **f.** Escalada
Escalada em rocha **f.** Escalada en roca
Escaninho **m.** Casillero
Escritório **m.** Oficina
Escudo **m.** Escudo
Espaço **m.** Espacio
Espaço aéreo **m.** Espacio aéreo
Espeleologia **f.** Espeleología
Espelho **m.** Espejo
Espelho retrovisor **m.** Espejo retrovisor
Espetinho **m.** Banderilla
Espeto **m.** Asador
Esquartejar **tr.** Descuartizar
Esqui aquático **m.** Esquí acuático
Esqui na neve **m.** Esquí alpino
Estabelecimento **m.** Establecimiento
Estação **f.** Estación
Estação de esqui **f.** Estación de esquí
Estação turística **f.** Estación turística
Estacionamento **m.** Aparcamiento, estacionamiento
Estacionar **tr.** Aparcar, estacionar
Estância **f.** Estancia
Estatística **f.** Estadística

Estatística de turismo **f.** Estadística turística
Estatístico,ca **m./f.** Estadístico,ca
Estrada **f.** Autovía, carretera, ruta
Estrela **f.** Estrella
Estrutura **f.** Estructura
Estufa **f.** Estufa
Etapa **f.** Etapa
Eurailpass **m.** Eurailpass
Eurotúnel **m.** Eurostar
Excursão **f.** Excursión
Excursionista **m./f.** Excursionista
Execução **f.** Factura, ejecución
Explosão turística **f.** Boom turístico
Extensão **f.** Latitud

F

Faca **f.** Cuchillo
Facão **m.** Machete
Fantasia **f.** Fantasía
Faqueiro **m.** Cubertería
Farinha **f.** Harina
Farmácia **f.** Farmacia
Farol **m.** Faro
Fatiar **tr.** Rebanar
Fatura **f.** Factura
Fatura pró-forma **f.** Prefactura
Fax **m.** Telefax
Fechar **tr. pron.** Abrochar, cerrar
Feijão **m.** Judía, poroto, frijol
Feira **f.** Feria

Férias f./pl. Vacaciones
Ferro m. Hierro
Ferro de passar roupa m. Plancha
Ferrovia f. Ferrocarril
Ferver intr. Hervir
Festa f. Fiesta
Festival m. Festival
Fiança f. Fianza
Filial adj./f. Filial, sucursal
Financiamento m. Financiación
Folclore m. Folclore
Folha f. Hoja
Folha de custos f. Hoja de costos
Folheto m. Folleto
Fomento m. Fomento, impulso
Formação em turismo f. Diplomatura de turismo
Formado,da m./f. Licenciado,da
Fornecer tr. Suministrar
Frango m. Pollo
Franquia f. Franquicia
Freelance m./f. VOZ INGL. Free-lance, trabajador autónomo
Frequência f. Frecuencia
Frete m. Flete
Frigideira f. Sartén
Fusão f. Fusión
Fusão nuclear f. Fusión nuclear
Fuso horário m. Hora GMT

G

Garçom m. Camarero, mozo

Garçonete f. Camarera, moza
Garfo m. Tenedor
Gasolina f. Nafta, gasolina
Gastronomia f. Gastronomía
Gastrônomo,ma m./f. Gastrónomo,ma
Geladeira f. Frigorífico, heladera, nevera
Gema f. Yema
Gengibre m. Jengibre
Gesso m. Yeso
Gincana f. Gincana
Giz m. Tiza
Giz de alfaiate m. Jabón de sastre, tiza
Goleiro,ra m./f. porteiro,ra
Gorjeta f. Propina
Governanta f. Gobernanta
Grama f. Yerba, hierba
Granada f. Granada
Grátis adj./adv. Gratuito,ta, gratis
Gravador m. Magnetófono, grabador,ra
Guacamole m. Guacamole
Guarda-roupa m. Armario, ropero
Guarnição f. Guarnición
Guia m./f. Guía
Guia rebaixada f. Vado, badén
Guisar tr. pron. Guisar

H

Habilitação f. Habilitación
Handebol m. Balonmano
Hangar m. Hangar
Heliporto m. Helipuerto

Hemisfério **m**. Hemisferio
Higiene **f**. Higiene
História **f**. Historia
História do turismo **f**. Historia del turismo
Hortelã **f**. Hierbabuena
Hospedagem **f**. Hospedaje
Hospedaria **f**. Hospedería
Hóspede **m./f**. Huésped,da
Hospitaleiro,ra **adj**. Hospitalario,ria
Hospitalidade **f**. Hospitalidad
Hotel **m**. Hotel
Hotelaria **f**. Hotelería
Hoteleiro,ra **m./f**. Hotelero,ra

I

Iate **m**. Yate
Ida e volta **f**. Ida y vuelta
Identidade **f**. Identidad
Identificação **f**. Matrícula
Imobilizado,da **m./f**. Inmovilizado,da
Imóvel **adj**. Inmueble
Imposto **m**. Impuesto
Imposto de estância **m**. Impuesto de instancia
Imprevisível **adj**. Impredecible, imprevisible
Inalterável **adj**. Inalterable
Incentivo **adj./m**. Incentivo, fomento
Incorreto,ta **adj**. Incorrecto,ta
Incrementar **tr. pron**. Incrementar
Indenização **f**. Indemnización
Indústria **f**. Industria

Inflação **f**. Inflación
Informação **f**. Información
Informações turísticas **f./pl**. Oficina de turismo
Integração **f**. Integración
Intermediário,ria **m./f**. Intermediario,ria
Intérprete **m./f**. Intérprete
Interruptor **m**. Llave
Investimento **m**. Inversión
Iogurte **m**. Yogur
Ir **intr**. Marchar, ir
Itinerário **m**. Itinerario
Itinerário turístico **m**. Itinerario turístico

J

Jantar **m**. Cena
Jantar **intr**. Cenar
Jarda **f**. Yarda
Joalheria **f**. Joyería
Jogar **intr**. Jugar
Jornada **f**. Jornada
Jornada de trabalho **f**. Jornada laboral
Junta **f**. Yunta
Juros **m./pl**. Interés

K

Kiwi **m**. Kiwi

L

Lacre **m.** Lacre
Lacuna **f.** Vacío
Lagoa **f.** Laguna
Lagosta **f.** Langosta
Lagostim **m.** Langostino
Laje **f.** Laja, losa
Lama **f.** Lama, barro
Lâmpada **f.** Lámpara
Lamparina **f.** Lamparilla
Lancha **f.** Lancha
Lanche **m.** Comida rápida
Lanchonete **f.** Cafetería
Lápis **m.** Lápiz
Lapiseira **f.** Lapicero
Largo,ga **adj.** Ancho,cha
Laringite **f.** Laringitis
Lata **f.** Lata
Latino-americano,na **adj.** Latinoamericano,na
Latitude **f.** Latitud
Latrina **f.** Letrina
Lavadeiro,ra **m./f.** Lavandero,ra
Lavadora **f.** Lavadora (máquina para lavar la ropa)
Lava-louça **m.** Lavaplatos, lavavajillas
Lavanderia **f.** Lavandería
Lazer **m.** Ocio
Legume **m.** Legumbre
Leite **f.** Leche
Leiteira **f.** Lechería

Leiteiro,ra **adj.** Lechero,ra
Lema **m.** Lema
Lençol **m.** Sábana
Lente de contato **f.** Lentilla
Lentilha **f.** Lenteja
Leque **m.** Abanico
Licença **f.** Licencia
Líder **m./f.** Líder
Liderança **f.** Liderazgo
Limusine **f.** Limusina
Limpador,ra **adj.** Limpiador,ra
Limpador de para-brisa **m.** Limpiaparabrisas
Limpador de vidros **m.** Limpiacristales
Limpar **tr.** Limpiar
Limpo,pa **adj.** Limpio,pia
Liquidificador **m.** Licuadora
Lista **f.** Rol
Liteira **f.** Couchette, cucheta
Litoral **adj./m.** Litoral
Livre-comércio **m.** Librecambio
Livro-caixa **m.** Hoja de caja
Livro de reclamações **m.** Hojas de reclamación, reclamo
Localização **f.** Localización, ubicación
Localizar **tr. pron.** Ubicar
Locomotiva **f.** Locomotora
Locomotor,ra **m./f.** Locomotor,ra
Logotipo **m.** Logotipo
Loja **f.** Tienda
Loja de roupa íntima **f.** Lencería
Longe **adv.** Lejos

Longínquo **adj.** Lejano
Lonjura **f.** Lejanía
Louça **f.** Vajilla
Lugar **m.** Lugar
Lugarejo **m.** Aldea, localidad
Luxo **m.** Lujo

M

Maçã **f.** Manzana
Macarrão **m.** Macarrón
Madrugada **f.** Madrugada
Madureza **f.** Madurez
Mala **f.** Equipaje, valija
Maleta **f.** Maleta
Maleiro **m.** Maletero,ra, valijero
Mantegueira **f.** Mantequera
Manutenção **f.** Mantenimiento
Mapa **m.** Mapa
Marceneiro **m.** COM. Ebanista, carpintero
Margem **f.** Orilla
Mariscada **f.** Mariscada
Massa **f.** Masa
Matrícula **f.** Abanderamiento, inscripción
Maturidade **f.** Madurez
Média **f.** Promedio
Meia-pensão **f.** Media pensión
Mensageiro,ra **m./f.** Mensajero,ra
Mensagem **f.** Mensaje
Menu **m.** Menú
Mercado **m.** Bodega

Mergulhar **intr.** Bucear
Mergulho **m.** Buceo
Migalha **f.** Miga
Milha **f.** Milla
Misturar **tr. pron.** Mezclar
Moeda **f.** Moneda
Molde **m.** Plantilla, molde
Molho **m.** Salsa
Monumento **m.** Monumento
Mordomo **m.** Mayordomo
Motel **m.** Motel
Motocross **m.** VOZ INGL. Motocross
Motor **m.** Motor
Museu **m.** Museo

N

Na noite passada **adv.** Anoche
Nabo **m.** Nabo
Nacionalidade **f.** Nacionalidad
Nafta **f.** Nafta, gasolina
Natal **m.** Navidad
Náutica **f.** Náutica
Navegação **f.** Navegación
Navegar **intr.** Navegar
Navegável **adj.** Navegable
Navio **m.** Navío, barco, buque
Neblina **f.** Niebla
Necessidade **f.** Necesidad
Nervoso,sa **m./f.** Nervioso,sa
Neve **f.** Nieve
Névoa **f.** Niebla

NÍVEL

Nível **m.** Categoria, rango
Nível de vida **m.** Nivel de vida
Nó **m.** Nudo
Noroeste **m.** Noreste
Nota **f.** Billete
Noturno,na **adj.** Nocturno,na
Nublado,da **adj.** Nublado,da
Núcleo **m.** Núcleo

O

Ócio **m.** Ocio
Ocupação **f.** Ocupación, oficio, empleo
Ocupação hoteleira **f.** Ocupación hotelera
Oferta **f.** Promoción
Oferta turística **f.** Oferta turística
Office boy **m.** Botones, mensajero
Off-road **m.** Todoterreno
Óleo **m.** Aceite
Ônibus **m.** Autobús, autocar
Operador,ra **m./f.** Operador,ra
Operadora atacadista **f.** Agencia de viajes mayorista
Operadora atacadista e varejista **f.** Agencia de viajes mayorista-minorista
Operadora varejista **f.** Agencia de viajes minorista
Orçamento **m.** Presupuesto
Organizar **tr.** Organizar
Orla **f.** Orilla

P

Pacote **m.** Paquete
Pacote turístico **m.** Paquete turístico
Padaria **f.** Panadería
Paelha **f.** Paella
Pagamento **m.** Pago
Paisagem **f.** Paisaje
Pajem **m.** Paje
Palácio **m.** Palacio
Palestra **f.** Conferencia
Palmilha **f.** Plantilla
Panela **f.** Marmita, olla
Panela de pressão **f.** Olla a presión
Panela para paelha **f.** Paellera
Papel **m.** Papel
Para-brisa **m.** Parabrisa
Para-choque **m.** Parachoques, paragolpe
Parado,da **m./f.** Parado,da
Paraquedas **m.** Paracaídas
Paraquedismo **m.** Paracaidismo
Passadeira **f.** Planchadora
Passageiro,ra **m./f.** Pasajero,ra
Passagem **f.** Billete
Passante **adj./m./f.** Pasante
Passaporte **m.** Pasaporte
Passeio **m.** Paseo
Patente **f.** Categoría
Pavilhão **m.** Pabellón
Pavimento **m.** Piso
Peixe-voador **m.** Pez volador

Pensão **f.** Hostal, pensión
Pensão completa **f.** Pensión completa
Pente **m.** Peine
Pernil **m.** Lacón
Pernoitar **intr.** Pernoctar
Pesca esportiva **f.** Pesca deportiva
Pia **f.** Lavabo, pileta
Pista **f.** Calzada
Placa **f.** Matrícula
Planejamento **m.** Planificación
Plano,na **adj.** Plano,na
Planta **f.** Planta
Plataforma **f.** Andén
Pneu **m.** Neumático
Polo turístico **m.** Núcleo turístico
Poltrona **f.** Butaca
Poltrona reclinável **f.** Coche-cama
Ponte **f.** Puente
Ponte aérea **f.** Puente aéreo
Ponto de equilíbrio **m.** *voz INGL.* Break-even point
Ponto de ônibus **m.** Parada
População **f.** Población
Pôr **tr.** Poner
Pôr a mesa **adj.** *voz FRANC.* Mise en place
Porção **f.** Ración, porción
Porta **f.** Puerta
Porta-malas **m.** Maletero, portaequipajes
Porteiro,ra **m./f.** Portero,ra, conserje
Porto **m.** Puerto

Possuidor **m.** Tenedor
Povoado **m.** Poblado
Prato **m.** Plato
Preconceito **m.** Prejuicio
Prefeito **m.** *COM.* Alcalde, intendente
Prefeitura **f.** Alcaldía, municipalidad
Pressuposto **m.** Presupuesto
Produto **m.** Producto
Produto turístico **m.** Producto turístico
Programa **m.** Programa
Projeto **m.** Proyecto
Promoção **f.** Promoción
Público **m.** Audiencia
Pular **tr.** Saltear

Q

Quadrado,da **adj.** Cuadrado,da
Quadro **m.** Cuadro, lienzo
Quarto **m.** Habitación
Quilometragem **f.** Kilometraje
Quiosque **m.** Kiosco, quiosco

R

Ração **f.** Ración
Ramadã **m.** Ramadán
Raspar **tr.** Raspar
Recepção **f.** Recepción

Recepcionista **m./f.** Recepcionista; azafata de congresos y exposiciones; azafata de cruceros marítimos, fluviales y lacustres; azafata de empresa y de medios de comunicación; azafata de establecimentos hoteleros

Receptivo,va **adj.** Receptivo,va

Recibo **m.** Recibo, resguardo

Reembolsar **tr. y pron.** Reembolsar

Refeitório **m.** Comedor

Refogar **tr. pron.** Guisar

Refresco **m.** Refresco, gaseosa

Refrigerante **m.** Refresco, gaseosa

Refúgio de montanha **m.** Refugio de montaña

Regata **f. MAR.** Regata

Região **f.** Región

Registro **m.** Llave

Regressão **f.** Regresión

Regulamento **m.** Ordenanza

Relva **f.** Yerba, hierba

Repercussão **f.** Repercusión

Reprovar **tr.** Cargar

Restauração **f.** Restauración

Restaurante **m.** Restaurante

Réveillon **m.** Nochevieja

Rodomoça **f.** Azafata de tierra

Rodovia com pedágio **f.** Autopista

Romã **f.** Granada

Rota **f.** Ruta

Roupa **f.** Ropa

Roupa de cama e mesa **f.** Lencería

Roupa íntima **f.** Lencería

Rua **f.** Calle

S

Sabão **m.** Jabón

Sabonete **m.** Jabón de tocador

Safári **m.** Safari

Sainete **m.** Sainete

Salada **f.** Ensalada

Saladeira **f.** Ensaladera

Salão **m.** Salón

Salário **m.** Sueldo

Salsinha **f.** Perejil

Sanduíche **m.** Bocadillo

Sapato **m.** Zapato

Satisfazer **tr.** Llenar

Sazonar **tr.** Sazonar

Secador **m.** Armario secador

Seguradora **f.** Asegurador

Sem documento **adj.** Indocumentado,da

Senhoria **f.** Señoría

Servente **m.** Mozo

Serviço **m.** Servicio

Serviço à francesa **m.** Servicio a la francesa

Serviço à inglesa **m.** Servicio a la inglesa

Serviço a la carte **m.** Servicio a la carta

Serviço de guéridon **m.** Servicio de guéridon

Sobremesa **f.** Postre

Sola **f.** Suela

Sondagem **f.** Sondeo

Sorvete **m.** Helado

Sorveteria f. Heladería
SOS de estrada m. Auxilio en carretera
Subordinado m. Dependiente
Subscrever tr. Suscribir
Suco m. Zumo, jugo
Suíte f. Suíte

T

Tabacaria f. Estanco
Tabulação f. Tabulación
Taça f. Taza, copa
Tacógrafo m. Tacógrafo
Talher m. Cubierto
Tangibilidade f. Tangibilidad
Tapete m. Alfombra
Tarifa f. Tarifa
Tarifa de crédito f. Tarifa de crédito
Tática f. Táctica
Taxa f. Tasa
Taxa de embarque f. Tasa de embarque
Táxi m. Taxi
Taxímetro m. Taxímetro
Tela f. Pantalla
Telemática f. Telemática
Teletexto m. Teletexto
Temperar tr. Sazonar
Temporada turística f. Temporada turística
Tendência f. Tendencia
Terminal adj. Terminal

Terminar tr. Acabar, terminar
Teste m. Test
Tifo m. Tifus
Tigela f. Bol
Tijolo m. Ladrillo
Toalha f. Toalla
Toalha de mesa f. Mantel
Topografia f. Topografía
Torta f. Pastel
Trabalho m. Trabajo
Trailer m. Autocaravanas, trailer
Transferência f. Transferencia
Transporte m. Transporte
Trem m. Tren
Trem-bala m. AVE (tren de gran velocidad)
Trilha f. Senderismo; VOZ INGL. trekking
Trilho m. Carril
Troco m. Cambio
Trópico adj./m. Trópico
Turismo ecológico m. Ecoturismo
Turismo m. Turismo

V

Vacina f. Vacuna
Vaga f. vacante
Vagão m. Vagón
Vago,ga adj. Vacante, libre
Varal m. Tendedero
Varejão m. Economato
Varejista m. Detallista

*Varejista **adj.*** Minorista
*Vareta **f.*** Varilla
*Vela **f.*** Vela
*Verbete **m.*** Lema
*Véspera de Natal **f.*** Nochebuena
*Viagem **f.*** Viaje
*Viagem relâmpago **f.*** Viaje relámpago
*Viajante **m./f.*** Viajero,ra
*Vindima **f.*** Vendimia
*Vinho espumante **m.*** Cava
*Vizinhança **f.*** Cercanía
*Visto **m.*** Visado
*Volante **m.*** Volante
*Vôlei **m.*** Balonvolea, voleibol
*Voo charter **m./adj.*** Chárter

W

*Wakeboard **m.*** Esquí acuático
*Windsurf **m.*** Windsurf

X

*Xadrez **m.*** Ajedrez
*Xale **m.*** Chal
*Xampu **m.*** Champú
*Xícara **f.*** Taza

Z

*Zangar **tr.*** Irritar
*Zelador,ra **m./f.*** Conserje
*Zeladoria **f.*** Conserjería
*Zebra **f.*** Cebra
*Zero **m.*** Cero
*Zona **f.*** Zona
*Zoológico **m.*** Zoológico

Informaciones extras

El alfabeto
O alfabeto

El abecedario español quedó fijado en veintisiete (27) letras, en el X Congreso de la Asociación de Academias de la Lengua Española, celebrado en 1994. En atención a pedidos de varios organismos internacionales, se estableció un acuerdo que determinó que las letras **ch** y **ll** serían excluidas del alfabeto, pasando a ser consideradas dígrafos.

*O alfabeto espanhol foi fixado em vinte e sete (27) letras, no X Congresso da Associação de Academias da Língua Espanhola, em 1994. Em resposta aos pedidos de várias organizações internacionais, foi feito um acordo que determinou que as letras **ch** e **ll** seriam excluídas do alfabeto, e passariam a ser consideradas dígrafos.*

Letra / Nombre							
A.a	a	H.h	hache	Ñ.ñ	eñe	U.u	u
B.b	be	I.i	i	O.o	o	V.v	uve corta
C.c	ce	J.j	jota	P.p	pe	W.w	uve doble
D.d	de	K.k	ka	Q.q	cu	X.x	equis
E.e	e	L.l	ele	R.r	erre	Y.y	ye
F.f	efe	M.m	eme	S.s	ese	Z.z	zeta
G.g	ge	N.n	ene	T.t	te		

Dígrafos	Nombres
ch	che
ll	elle

Falsos cognados

Falsos cognatos

Los **falsos cognados** – más conocidos como "falsos amigos" – son palabras de la lengua española que tienen la grafía y/o la pronunciación igual o semejante a la del portugués, pero que poseen significado distinto.

Falsos cognatos – mais conhecidos como "falsos amigos" – são palavras em espanhol que têm a grafia e/ou a pronúncia igual ou semelhante à do português, porém possuem significados diferentes.

Portugués	Español	Español	Portugués
aborrecer	aburrir, molestar	aborrecer	detestar
aceitar	aceptar	aceitar	lubrificar
aceite (p.p.)	aceptado	aceite	óleo
acordar	despertar	acordarse	lembrar-se
alargar	ampliar	alargar	alongar
albornoz	chilaba	albornoz	manto com capuz
aliás	además	alias	nome suposto
anho	cordero	año	ano
ano	año	ano	ânus
apagar	apagar, borrar	apagar	apagar, desligar
apaixonado	enamorado	apasionado	afeiçoado, partidário
aparato	ostentación, pompa	aparato	aparelho
apenas	solamente	apenas	somente, apenas
apurar	verificar	apurar	apressar, acelerar
asa	ala	asa	cabo
assinatura	firma	asignatura	ramo do conhecimento
átrio	entrada, vestíbulo	atrio	adro (de igreja)
aula	clase, lección	aula	sala de aula

Português	Español	Español	Português
azar	mala suerte	azar	casualidade, sorte (boa ou má)
balão	globo	balón	bola
balcão	mostrador	balcón	varanda
barata (f.)	cucaracha	barata (México)	promoção, liquidação
barriga	barriga, tripa	barriga	ventre
batata	patata, papa	batata	batata-doce
bazófia	vanidad	bazofia	restos, sobras
bilheteria	taquilla	billetera	carteira
boato	rumor	boato	ostentação
bocadinho	poquito, momentito	bocadillo (España)	sanduíche
bocado	pedazo, momento	bocado	dentada
bodega	porquería	bodega	adega, taberna
bola	balón, pelota	bola	globo
borrar	emborronar	borrar	apagar, eliminar
brincar	bromear, jugar	brincar	saltar, pular
brinco	pendiente, aro	brinco	salto, pulo
cabrão	cornudo	cabrón	malandro
caçar	cazar	casar	casar
cacho	racimo	cacho	pedaço
cadeira	silla	cadera	anca, quadril
caiado	encalado	callado	calado
caiar	encalar	callar	calar
calção	pantalón corto	calzón	cueca
calça	pantalón	calza	calção
camada	capa, estrato	camada	ninhada, cria

Português	Español	Español	Português
camarote	balcón (teatro)	camarote	camarote (barco)
cambiar	cambiar (divisas)	cambiar	trocar, mudar
câmbio	cambio (divisas)	cambio	troca, mudança
camelo	camello	camelo	engano
cana	caña, carrizo	cana	cabelo branco (cã)
cantina	comedor colectivo	cantina (México)	taberna
cave	sótano	cava	adega
cena	escena	cena	jantar, ceia
certo	correcto	cierto	verdadeiro
chato	liso, plano; aburrido	chato	nariz achatado
chouriço	embutido ahumado	chorizo	linguiça
chusma	multitud de gente grosera	chusma	populacho, turba
cobra	culebra, víbora	cobra	canga para unir bois
coche	carruaje	coche	carro
coelho	conejo	cuello	pescoço
colar	pegar	colar	coar
combinar	unir, congregar	combinar	juntar, combinar
competência	cualificación, incumbencia	competencia	concorrência
concorrência	competencia	concurrencia	assistência, participação
conforme	según	conforme	conformado, resignado
consertar	arreglar, reparar	concertar	combinar, organizar
contaminar	contagiar	contaminar	poluir
contestar	manifestarse contra	contestar	responder
convicto	convencido	convicto	presidiário condenado
copo	vaso, copa	copo	floco (de neve)

Português	Español	Español	Português
corrida	carrera	corrida	tourada
costa	orilla	costa	beira-mar
coto	muñón	coto	terreno demarcado
cravo	clavel	clavo	prego
criança	niño/a	crianza	criação, período de lactância
cueca	calzoncillo, braga	cueca (Argentina/Bolivia/Chile)	dança típica
cumprimentar	saludar	cumplimentar	tratar com cortesia
desenhar	dibujar	diseñar	desenhar
desenho	dibujo	diseño	desenho
desenvolver	desarrollar	desenvolver	desembrulhar
desmanchar	deshacer, desarmar	desmanchar (México)	tirar as nódoas
distinto	distinguido	distinto	diferente
doce	dulce, mermelada	doce	doze
donde	de dónde	donde	onde
elétrico (m.)	tranvía	elétrico (adj.)	elétrico
embaraçar	enredar, embrollar	embarazar	engravidar
embutido	incrustado	embutido	enchido
empeçar	enredar, dificultar	empezar	começar
encerrar	cerrar	encerrar	prender, fechar à chave
engraçado	gracioso, mono	engrasado	lubrificado, engordurado
envolver	involucrar	envolver	enrolar, embrulhar, envolver
erecto (erigido)	erguido	erecto	ereto
ermita (mais frequente eremita)	ermitaño, eremita	ermita	ermida

Português	Español	Español	Português
escova	cepillo	escoba	vassoura
escritório	oficina	escritorio	mesa de trabalho
espantoso	maravilloso, extraordinario	espantoso	horrível
esperto	despierto, vivo, listo	experto	exímio, perito, especialista
estafa	cansancio	estafa	burla, roubo
estafar	cansar	estafar	burlar
estilista	modista (m. y f.)	estilista	cabeleireiro
estufa	invernadero	estufa	fogão, aquecedor
exprimir	expresar	exprimir	espremer, torcer roupa
farol	faro	farol	candeeiro
fechar	cerrar	fechar	datar
férias	vacaciones	feria	feira
funcionário	funcionario, empleado	funcionario	funcionário público
gabinete	despacho, gabinete	gabinete	antessala, antecâmara
gajo	tipo, bribón	gajo	gomo, galho
galheta	vinagrera	galleta	bolacha
galo	gallo, chichón	galo	gaulês (natural de Gália)
gestão	dirección (empresa)	gestión	negociação, gestão
gozar	burlar, tomar el pelo	gozar	gozar, desfrutar
graça	gracia	grasa	graxa, gordura
grade	reja	grada	degrau
guitarra	guitarra	guitarra	violão
informe (adj.)	deforme, irregular	informe (m.)	relatório, informe
isenção	neutralidad, exención	exención	isenção
lá	allá, allí	la (art.)	a (art.)

Portugués	Español	Español	Portugués
largo	ancho	largo	comprido, longo
lata	lata, descaro	lata	lata, amolação
legenda	letrero, título de crédito (en película)	leyenda	lenda
ligar	encender (un aparato), unir, llamar por teléfono, dar importancia	ligar	unir, atar, engatar
logo	de inmediato	luego	depois
maestro	director (orquesta)	maestro	professor, mestre
marmelada	dulce de membrillo	mermelada	doce
mas	pero, mas	más	mais
mercearia	tienda de comestibles	mercería	armarinho
namorado	novio	enamorado	apaixonado
namorar	andar de novio	enamorar	apaixonar-se
neto	nieto	neto	líquido (peso puro)
ninho	nido	niño	criança, menino, garoto
nota	nota, calificación, billete de banco	nota	nota, qualificação, anotação
oficina	taller	oficina	escritório, gabinete
osso	hueso	oso	urso
paço	palacio	pazo	casa solarenga, solar
palco	escenario, tablado	palco	camarote (teatro)
paquete	buque de vapor	paquete	embrulho
pegada	pisada	pegada	grudada
pegar	agarrar, coger	pegar	bater
pescado	p.p. del verbo pescar	pescado (m.)	peixe
pescoço	cuello, pescuezo	pescuezo	pescoço (animais)

Portugués	Español	Español	Portugués
pipa	tonel, cometa	pipa	cachimbo, tonel
plateia	luneta (teatro)	platea	frisa (teatro)
polvo	pulpo	polvo	pó
prenda	regalo	prenda	penhor, parte de vestuário
presunto	jamón	presunto	suposto (adj.)
procurar	buscar	procurar	tentar
pronto	listo, terminado	pronto	rápido, cedo
propina	soborno	propina	gorjeta
quinta	finca rústica	quinta	casa luxuosa fora da cidade
rancho	grupo folclórico	rancho	refeição de soldados
rato	ratón	rato	momento
reparar	reparar, darse cuenta	reparar	arranjar, compor, consertar, reparar
romance	novela	romance	aventura amorosa
ronha	sarna de cavalo e ovelha	roña	sujeira grudenta
roxo	morado, violeta	rojo	vermelho, encarnado
ruivo	pelirrojo	rubio	loiro
saguão	vestíbulo, patio	zaguán	vestíbulo
salada	ensalada	salada	salgada
salsa	perejil	salsa	molho
seta	flecha	seta	cogumelo
silha	base de colmena	silla	cadeira
sobremesa	postre	sobremesa	coberta de mesa, tempo à mesa após a refeição
sótão	sótano	sótano	porão

Português	Español	Español	Português
sucesso	éxito	suceso	acontecimento, fato
taça	copa	taza	xícara
taça	copa	tasa	taxa
tacanho	tacaño, estúpido	tacaño	sovina, mesquinho
talher	cubierto (cuchara, tenedor, cuchillo)	taller	oficina
tareia	tarea, paliza	tarea	obra, tarefa
termo	termo, término	termo	garrafa térmica
tinto	teñido	tinto	vinho tinto
tirar	quitar, sacar, tomar	tirar	atirar, deitar, derrubar
toalha	toalla de baño, mantel	toalla	toalha
todavia	no obstante	todavía	ainda
tora	tronco sin ramas	toro	touro
trampa	fraude, excremento	trampa	armadilha
trompa	trompeta	trompa	tromba (de elefante)
vaga	ola grande, plaza libre	vaga	preguiçosa, vadia
vago (adj.)	vacío, desocupado	vago	preguiçoso, vadio
vaso	maceta, jarrón	vaso	copo
vassoura	escoba	basura	lixo
venda	venta; venda (para tapar los ojos)	venda	gaze, atadura
viola	guitarra	viola	violeta (instrumento)
vulgar	común	vulgar	ordinário
xingar	insultar, burlarse	chingar	incomodar, fornicar
zurrar	rebuznar	zurrar	curtir couro, surrar

Numerales

Numerais

Los **números cardinales** indican la cantidad de los seres o de los objetos con referencia a la serie natural de los números.

*Os **números cardinais** indicam a quantidade de seres ou de objetos com referência à série natural dos números.*

Los números cardinales

0	cero	21	veintiuno/a	100	ciento, cien
1	un(o), una	22	veintidós	101	ciento uno
2	dos	23	veintitrés	102	ciento dos
3	tres	24	veinticuatro	103	ciento tres
4	cuatro	25	veinticinco	104	ciento cuatro
5	cinco	26	veintiséis	105	ciento cinco
6	seis	27	veintisiete	200	doscientos/as
7	siete	28	veintiocho	300	trescientos/as
8	ocho	29	veintinueve	400	cuatrocientos/as
9	nueve	30	treinta	500	quinientos/as
10	diez	31	treinta y uno/a	600	seiscientos/as
11	once	32	treinta y dos	700	setecientos/as
12	doce	33	treinta y tres	800	ochocientos/as
13	trece	34	treinta y cuatro	900	novecientos/as
14	catorce	35	treinta y cinco	1.000	mil
15	quince	40	cuarenta	2.000	dos mil
16	dieciséis	50	cincuenta	100.000	cien mil
17	diecisiete	60	sesenta	200.000	doscientos mil
18	dieciocho	70	setenta	1.000.000	un millón
19	diecinueve	80	ochenta	2.000.000	dos millones
20	veinte	90	noventa	1 millardo	mil millones

Los **numerales ordinales** no indican cantidad, sino añaden a la idea de número la de orden o lugar dentro de una serie.

*Os **numerais ordinais** não indicam quantidade, mas acrescentam à ideia de número o conceito de ordem ou de lugar dentro de uma série.*

Los números ordinales	
1º, 1ª	primero, primera, primeros, primeras
2º, 2ª	segundo, segunda, segundos, segundas
3º, 3ª	tercero, tercera, terceros, terceras
4º, 4ª	cuarto, cuarta, cuartos, cuartas
5º, 5ª	quinto, quinta, quintos, quintas
6º, 6ª	sexto, sexta, sextos, sextas
7º, 7ª	séptimo, séptima, séptimos, séptimas
8º, 8ª	octavo, octava, octavos, octavas
9º, 9ª	noveno, novena, novenos, novenas
10º, 10ª	décimo, décima, décimos, décimas
11º, 11ª	undécimo, undécima
12º, 12ª	duodécimo, duodécima
13º, 13ª	decimotercero/a, [+ sustantivo] decimotercer, décimo tercero, décima tercera
14º, 14ª	decimocuarto/a, décimo cuarto, décima cuarta
15º, 15ª	decimoquinto/a, décimo quinto, décima quinta

Los números ordinales	
16º, 16ª	decimosexto/a, décimo sexto, décima sexta
17º, 17ª	decimoséptimo/a, décimo sé(p)timo, décima sé(p)tima
18º, 18ª	decimoctavo/a, décimo octavo, décima octava
19º, 19ª	decimonoveno/a, décimo noveno, décima novena [decimono se usa hoy menos]
20º, 20ª	vigésimo/a
21º, 21ª	vigésimo primero, vigésima primera
30º, 30ª	trigésimo/a
40º, 40ª	cuadragésimo/a
50º, 50ª	quincuagésimo/a
60º, 60ª	sexagésimo/a
70º, 70ª	septuagésimo/a
80º, 80ª	octogésimo/a
90º, 90ª	nonagésimo/a
100º, 100ª	centésimo/a
101º, 101ª	centésimo primero, centésima primera
200º, 200ª	ducentésimo/a
300º, 300ª	tricentésimo/a
400º, 400ª	cuadrigentésimo/a
500º, 500ª	quingentésimo/a

Los números ordinales	
600º, 600ª	sexcentésimo/a
700º, 700ª	septingentésimo/a
800º, 800ª	octingentésimo/a
900º, 900ª	noningentésimo/a
999º, 999ª	noningentésimo nonaségimo noveno
1.000º, 1.000ª	milésimo/a
1.864º, 1.864ª	milésimo octingentésimo sexagésimo cuarto
2.000º, 2.000ª	dosmilésimo/a
3.000º, 3.000ª	tresmilésimo/a
4.000º, 4.000ª	cuatromilésimo/a
10.000º	diezmilésimo/a
100.000º	cienmilésimo/a
500.000º	quinientosmilésimo/a
1.000.000º	millonésimo/a

Monedas del mundo
Moedas do mundo

País	Moneda
Albania	Lek
Alemania	Euro
Angola	Kwanza
Antillas neerlandesas	Florín de las Antillas neerlandesas
Arabia Saudita	Rial saudí
Argentina	Peso argentino
Australia	Dólar australiano
Austria	Euro
Bahráin	Dinar
Bangladesh	Taka
Barbados	Dólar
Bélgica	Euro
Benín	Franco CFA
Bolivia	Peso boliviano
Brasil	Real
Bulgaria	Lev
Burkina Faso	Franco CFA
Burundi	Franco
Camboya	Riel

País	Moneda
Camerún	Franco CFA
Canadá	Dólar canadiense
Chad	Franco CFA
Chile	Peso chileno
China	Yuan / Renminbi
Chipre	Euro
Colombia	Peso colombiano
Congo	Franco CFA
Corea	Won
Costa Rica	Colón costarricense
Cuba	Peso cubano
Costa de Marfil	Franco CFA
Dinamarca	Corona dinamarquesa
Ecuador	Dólar
Egipto	Libra egipcia
El Salvador	Dólar
Emiratos Árabes Unidos	Dirham
España	Euro
Estados Unidos	Dólar

País	Moneda	País	Moneda
Etiopía	Birr	Japón	Yen
Fiji	Dólar fiji	Jordania	Dinar
Filipinas	Peso filipino	Kenia	Chelín keniano
Finlandia	Euro	Kuwait	Dinar kuwaití
Francia	Euro	Laos	Kip
Gabón	Franco CFA	Líbano	Libra libanesa
Gambia	Dalasi	Liberia	Dólar liberiano
Ghana	Cedi	Luxemburgo	Euro
Grecia	Euro	Madagascar	Ariary
Guatemala	Quetzal	Malí	Franco CFA
Guinea	Franco (GNF)	México	Peso mexicano
Haití	Gourde	Mozambique	Nueva metical
Holanda	Euro	Nepal	Rupia nepalesa
Honduras	Lempira	Nicaragua	Córdoba
Hong Kong	Renminbi	Nigeria	Naira
Hungría	Forint	Noruega	Corona noruega
India	Rupia	Nueva Zelanda	Dólar neozelandés
Indonesia	Rupia indonesia	Omán	Riyal omaní
Irán	Riyal iraní	Pakistán	Rupia paquistaní
Irlanda	Euro	Panamá	Balboa
Italia	Euro	Paraguay	Guaraní
Jamaica	Dólar	Perú	Sol peruano

País	Moneda
Polonia	Zloty
Portugal	Euro
Puerto Rico	Dólar
Qatar	Riyal qatarí
Reino Unido	Libra esterlina
República Centroafricana	Franco CFA
República Checa	Corona checa
República Dominicana	Peso dominicano
Ruanda	Franco ruandés
Rumania	Leu
Rusia	Rublo
Senegal	Franco CFA
Seychelles	Rupia de Seychelles
Sierra Leona	Leone
Singapur	Dólar de Singapur
Siria	Libra siria (SYP)

País	Moneda
Somalia	Chelín somalí
Sri Lanka	Rupia de Sri Lanka
Suecia	Corona sueca
Suiza	Franco suizo
Suráfrica	Rand
Tailandia	Baht
Tanzania	Chelín tanzano
Togo	Franco CFA
Turquía	Nueva Lira
Uganda	Chelín ugandés
Uruguay	Peso uruguayo
Venezuela	Bolívar
Vietnam	Dong
Yemen	Riyal yemní
Yibuti	Franco de Yibuti
Zambia	Kwacha zambiano
Zimbabue	Dolar Zimbabuense

Fonte: Banco Central do Brasil. Disponível em: <http://www4.bcb.gov.br/pec/taxas/batch/tabmoedas.asp?id=tabmoeda>. Acesso em: 26 ago. 2015.

Países hispanohablantes

Fonte: Banco Mundial. Disponível em: <http://data.worldbank.org/indicator/SP.POP.TOTL>.

Argentina

La Casa Rosada, en Buenos Aires, Argentina, sede del Poder Ejecutivo.

Pablo Caridad

Nombre oficial: República Argentina
Capital: Buenos Aires
Idioma oficial: Español
Moneda: Peso argentino
Nacionalidad: Argentina
Principales ciudades: Buenos Aires, Córdoba, Rosario, Mendoza, La Plata
Superficie: 2.766.890 km²
Población: 41.803.125 (2014)

Bolivia

La Puerta del Sol, en el sitio arqueológico de Tiahuanaco, Bolivia. Catalogado como Patrimonio de la Humanidad por la Unesco.

Dmitry Burlakov

Nombre oficial: Estado Plurinacional de Bolivia
Capital: Sucre (La Paz: sede del gobierno)
Idioma oficial: Español
Moneda: Peso boliviano
Nacionalidad: Boliviana
Principales ciudades: La Paz, Sucre, Santa Cruz, Cochabamba, El Alto
Superficie: 1.098.580 km²
Población: 10.847.664 (2014)

Chile

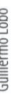

El Parque Nacional Villarrica es formado por lagos, centro de esquí, volcanes y fuentes termales. Está ubicado cerca de la ciudad de Pucón, Chile.

Nombre oficial: República de Chile
Capital: Santiago de Chile
Idioma oficial: Español
Moneda: Peso chileno
Nacionalidad: Chilena
Principales ciudades: Santiago de Chile, Concepción, Puente Alto
Superficie: 756.950 km²
Población: 17.772.871 (2014)

Colombia

Santuario Nuestra Señora de Las Lajas, Ipiales, Colombia, construido en 1916 en estilo gótico sobre el cañon de Guaitará.

Nombre oficial: República de Colombia
Capital: Bogotá
Idioma oficial: Español
Moneda: Peso colombiano
Nacionalidad: Colombiana
Principales ciudades: Santa Fé de Bogotá, Cali, Medellín
Superficie: 1.138.910 km²
Población: 48.929.706 (2014)

Costa Rica

El Parque Nacional Volcán Arenal está al norte de la cordillera de Tilarán, en Costa Rica.

Nombre oficial: República de Costa Rica
Capital: San José
Idioma oficial: Español
Moneda: Colón costarriqueño
Nacionalidad: Costarriqueña / Costarricense
Principales ciudades: San José, Puerto Limón, Alajuela
Superficie: 51.100 km²
Población: 4.937.755 (2014)

Cuba

Castillo de los Tres Reyes Magos del Morro, ubicado en La Habana, Cuba.

Nombre oficial: República de Cuba
Capital: Habana
Idioma oficial: Español
Moneda: Peso cubano
Nacionalidad: Cubana
Principales ciudades: Santiago de Cuba, Santa Clara, Holguín
Superficie: 100.860 km²
Población: 11.258.597 (2014)

El Salvador

Vista de la pirámide principal en el Parque Arqueológico Tazumal, ubicado en la ciudad de Chalchuapa, en El Salvador.

Nombre oficial: República de El Salvador
Capital: San Salvador
Idioma oficial: Español
Moneda: Dólar
Nacionalidad: Salvadoreña
Principales ciudades: San Salvador, Soyapango, Santa Ana, San Miguel
Superficie: 21.041 km²
Población: 6.383.752 (2014)

Ecuador

El Chimborazo (6.268 m) es el volcán más alto de Ecuador. Está rodeado por la Reserva Faunística de Chimborazo, a 150 km de Quito, Ecuador.

Nombre oficial: República de Ecuador
Capital: San Francisco de Quito
Idioma oficial: Español
Moneda: Dólar
Nacionalidad: Ecuatoriana
Principales ciudades: San Francisco de Quito, Santiago de Guayaquil, Cuenca
Superficie: 283.560 km²
Población: 15.982.551 (2014)

España

La Alhambra es una fortaleza y palacio, declarada por la Unesco Patrimonio de la Humanidad. Está situada en Granada, España.

Rolf E. Staerk

Nombre oficial: Reino de España
Capital: Madrid
Idiomas oficiales: Español, o Castellano, Catalán, Gallego, Valenciano, Euskera o Vascuence
Moneda: Euro
Nacionalidad: Española
Principales ciudades: Madrid, Barcelona, Valencia, Bilbao
Superficie: 504.782 km²
Población: 47.066.402 (2014)

Guatemala

El Parque Nacional Tikal es uno de los mayores yacimientos arqueológicos de la civilización maya precolombina. Está situado en la región de Petén, en Guatemala.

Nombre oficial: República de Guatemala
Capital: Ciudad de Guatemala
Idioma oficial: Español
Moneda: Quetzal
Nacionalidad: Guatemalteca
Principales ciudades: Ciudad de Guatemala, Mixco, Villa Nueva
Superficie: 108.890 km²
Población: 15.859.714 (2014)

Honduras

Roatán es la isla más grande del archipiélago de las Islas de la Bahía, en Honduras. Tiene arrecifes de coral, playas de arena blanca y es excelente para el buceo.

Nombre oficial: República de Honduras
Capital: Tegucigalpa
Idioma oficial: Español
Moneda: Lempira
Nacionalidad: Hondureña
Principales ciudades: Tegucigalpa, San Pedro Sula, La Ceiba
Superficie: 112.492 km²
Población: 8.260.749 (2014)

México

Alex Polo

La ciudad de Acapulco está ubicada a 304 kilómetros de la Ciudad de México. Es uno de los principales destinos turísticos de México.

Nombre oficial: Estados Unidos Mexicanos
Capital: Ciudad de México
Idioma oficial: Español
Moneda: Peso mexicano
Nacionalidad: Mexicana / Mejicana
Principales ciudades: Ciudad de México, Guadalajara, Cancún, Acapulco
Superficie: 1.964.375 km²
Población: 123.799.215 (2014)

Nicaragua

Lago Nicaragua e isla de Ometepe, con el vulcán Concepción, en la ciudad de Moyogalpa, Nicaragua.

Nombre oficial: República de Nicaragua
Capital: Managua
Idioma oficial: Español
Moneda: Córdoba
Nacionalidad: Nicaragüense
Principales ciudades: Managua, León, Chinandega
Superficie: 129.494 km²
Población: 6.169.269 (2014)

Panamá

Vista de la ciudad de Panamá, capital de la República de Panamá, localizada a orillas del golfo de Panamá, en el océano Pacífico.

Nombre oficial: República de Panamá
Capital: Ciudad de Panamá
Idioma oficial: Español
Moneda: Balboa
Nacionalidad: Panameña
Principales ciudades: Ciudad de Panamá, San Miguelito, Colón
Superficie: 75.517 km²
Población: 3.926.017 (2014)

Perú

La ciudadela de Machu Picchu está situada a 2.360 m.s.n.m., en la provincia de Urubamba, en Perú. Ha sido incorporada como Patrimonio de la Humanidad por la Unesco.

Nombre oficial: República de Perú
Capital: Lima
Idioma oficial: Español
Moneda: Nuevo Sol
Nacionalidad: Peruana
Principales ciudades: Lima, Arequipa, Trujillo
Superficie: 1.285.220 km²
Población: 30.769.077 (2014)

Puerto Rico

Las Fortificaciones del Castillo San Cristóbal, Castillo San Felipe del Morro y Fortín San Juan de la Cruz, en San Juan, Puerto Rico, fueran designadas Patrimonio de la Humanidad en 1983 por su importancia histórica.

Nombre oficial: Estado Libre Asociado de Puerto Rico
Capital: San Juan
Idiomas oficiales: Español, Inglés
Moneda: Dólar estadounidense
Nacionalidad: Puertorriqueña / Potorriqueña
Principales ciudades: San Juan, Bayamon, Ponce
Superficie: 9.104 km²
Población: 3.620.897 (2014)

República Dominicana

Cedric Weber

Punta Cana, en República Dominicana, tiene playas de arena blanca y fina, y el mar de un suave color azul verdoso. Es considerada entre las 10 mejores playas del mundo.

Nombre oficial: República Dominicana
Capital: Santo Domingo
Idioma oficial: Español
Moneda: Peso oro dominicano
Nacionalidad: Dominicana
Principales ciudades: Santiago de los Caballeros, San Pedro de Macorís, San Francisco de Macorís, Barahona
Superficie: 48.442 km²
Población: 10.528.954 (2014)

Uruguay

La Colonia del Sacramento fue el primer asentamiento europeo y la primera ciudad en territorio uruguayo. Fue declarada Patrimonio de la Humanidad en 1995. Está ubicada en la ribera norte del Río de la Plata, Uruguay.

Nombre oficial: República Oriental de Uruguay
Capital: Montevideo
Idioma oficial: Español
Moneda: Peso uruguayo
Nacionalidad: Uruguaya
Principales ciudades: Montevideo, Salto, Paysandú
Superficie: 176.065 km²
Población: 3.418.694 (2014)

Venezuela

En el Parque Nacional Canaima está el Salto Ángel, el salto de agua más alto del mundo, con 979 m. Se localiza en el estado Bolívar, Venezuela.

Nombre oficial: República Bolivariana de Venezuela
Capital: Caracas
Idioma oficial: Español
Moneda: Bolívar venezolano
Nacionalidad: Venezolana
Principales ciudades: Caracas, Valencia, Barquisimeto
Superficie: 916.445 km²
Población: 30.851.343 (2014)

Respuestas

Respostas

Página 11
a. 1.(A), 2.(F), 3.(C), 4.(D), 5.(E), 6.(B)   b. Respuesta libre.

Página 16
d, c, e, a, b.

Página 19
a. Playa, esquí, montaña, termal-spa, ecológico, de aventura, rural, cultural, deportivo, urbano, crucero.

b. Propina.

c. Respuesta libre.

d. Respuesta libre.

Página 27
a. Crema de protección solar.   b. Gafas de sol / Anteojos.

c. Guantes para esquí.   d. Repelente.

Página 31
a. check in   b. pasillo / ventanilla

c. azafata o aeromoza   d. despegue / aterrizaje

e. equipaje

Página 39
a. las mucamas y los camareros de piso

b. los camareros y las camareras del restaurante

c. el gerente

d. los recepcionistas y los botones

e. los porteros, recepcionistas y botones

Página 43
c, d, b, e, a, f.

Página 47

a. la piscina
b. la habitación
c. el gimnasio
d. el estacionamiento
e. la guardería

Página 51

Desayuno y merienda: leche, café, jugo, pan, mantequilla / manteca, queso, jamón, huevos etc.

Almuerzo y cena: hamburguesa, ternera, cerdo, pollo, cordero, chorizo, morcilla, filete, sardina, atún, salmón, gambas / langostino, langosta, calamar, cangrejo, bacalao, trucha, mejillones, lechuga, zanahoria, remolacha, pimiento, papa / patata, cebolla, zapallo / calabaza, guisantes / porotos / frijoles, ajo, perejil, espinacas, coliflor, arroz, pasta etc.

Página 55

propina — gorjeta
botones — mensageiro
camarero — garçom

factura — nota fiscal
mostrador — balcão

Página 59

circulación prohibida
estacionamiento prohibido
ceda el paso

área de descanso
calle residencial

Página 71

Respuestas libres.